Cologne Occasional Papers on International Peace and Security Law

Edited by
Claus Kreß

Number 1
March 2013

FSC
www.fsc.org
MIX
Papier aus ver-
antwortungsvollen
Quellen
Paper from
responsible sources
FSC® C105338

Claus Kreß

Friedensmissionen unter einem Mandat der Vereinten Nationen und Menschenrechte
Kurzstellungnahme im Rahmen der Öffentlichen Anhörung
des Bundestagsausschusses für Menschenrechte und Humanitäre Hilfe

Bibliografische Information der Deutschen Nationalbibliothek
Die Deutsche Nationalbibliothek verzeichnet diese Publikation in der Deutschen Nationalbibliografie;
detaillierte bibliografische Daten sind im Internet über http://dnb.dnb.de abrufbar.

Bibliographic information published by the Deutsche Nationalbibliothek
The Deutsche Nationalbibliothek lists this publication in the Deutsche Nationalbibliografie;
detailed bibliographic data are available in the Internet at http://dnb.dnb.de.

Information bibliographique de la Deutsche Nationalbibliothek
La Deutsche Nationalbibliothek a répertorié cette publication dans la Deutsche Nationalbibliografie;
les données bibliographiques détaillées peuvent être consultées sur Internet à l'adresse http://dnb.dnb.de.

ISSN: 2196-0801 · ISBN: 978-3-848-26692-0

Prof. Dr. *Claus Kreß* LL.M. (Cambridge) ist Direktor des *Institute for International Peace and Security Law* der Universität zu Köln.

Ich danke meinen wissenschaftlichen Mitarbeiterinnen *Elisabeth Günnewig* und *Denise Fuchs* sehr herzlich für wertvolle Unterstützung bei der Recherche.

Inhalt

*„Nothing in the experience of Suez and the Congo
suggests that an international force is exempt from
the workings of the inexorable rule that he who
wills the end must will the means."*
Herbert Nicholas,
International Organization 17 (1963), 335.

Vorbemerkungen

Die nachfolgenden Anmerkungen berühren Punkte, die in den Fragen der Fraktionen an die Sachverständigen angesprochen werden. Die Anmerkungen folgen indessen nicht streng der Chronologie der Fragenliste und erheben überdies nicht den Anspruch, alle Fragen bzw. wenigstens einige von ihnen erschöpfend zu behandeln. Hierfür sind Thema und Fragen zu vielschichtig. Einfache Antworten, diese Bemerkung sei vor die Klammer gezogen, lassen sich bei den zahlreichen Dilemmata, die mit dem Thema „Friedensmissionen der Vereinten Nationen" verbunden sind, ohnehin nicht geben.

Die nachfolgende Kurzstellungnahme soll nicht mit umfassenden Nachweisen zur einschlägigen wissenschaftlichen Literatur überfrachtet werden, zumal ich nicht für mich in Anspruch nehmen kann, etwa das politikwissenschaftliche Schrifttum vollständig zu überschauen (lesenswert ist jedenfalls die kenntnisreiche Analyse von *Denis M. Tull*, Die Peacekeeping-Krise der Vereinten Nationen, SWP-Studie, 2010; s. auch *Thorsten Benner/Stephen Mergenthaler/Philip Rotmann*, The New World of UN Peace Operations. Learning to Build Peace?, 2011). An dieser Stelle sei deshalb nur auf wenige aus völkerrechtswissenschaftlicher Sicht wichtige Arbeiten verwiesen.

Das klassische Werk zum Thema ist *Rosalyn Higgins*, United Nations Peacekeeping 1946-1967. Documents and Commentary; Band 1: The Middle East, 1969; Band 2: Asia, 1970; Band 3: Africa, 1980 (s. daneben vor allem noch *Derek Bowett*, UN Forces – A Legal Study, 1964). Arbeiten jüngeren Datums sind *Roberta Arnold/Geert-Jan Alexander Knoops*, Practice and Policies of Modern Peace Support Operations under International Law, 2006; *Terry D. Gill/Dieter Fleck* (Hrsg.), The Handbook of the International Law of Military Operations, 2010. Hervorgehoben sei schließlich die jüngst erschienene, ebenso gründliche wie kritische Monografie von *James Sloan*, The Militarisation of Peacekeeping in the Twenty-First Century, 2011.

Eine Sammlung wichtiger Dokumente bieten *Bruce Oswald/Helen Durham/Adrian Bates*, Documents of the Law of UN Peace Operations, 2010, sowie die Internetseite http://www.un.org/en/peacekeeping/.

Speziell zu Menschenrechtsfragen sei ergänzend auf die folgenden Arbeiten bzw. Sammelwerke verwiesen: *Dieter Weingärtner* (Hrsg.), Die Bundeswehr als Armee im Einsatz, 2010; *ders.* (Hrsg.), Streitkräfte und Menschenrechte, 2008; *Jeanette Boehme*, Human Rights and Gender Components of UN and EU Peace Operations, 2008; *Norman Weiß* (Hrsg.), Menschenrechtsbindung bei Auslandseinsätzen deutscher Streitkräfte, 2006.

Speziell zu(r Verfolgung von) Straftaten von Angehörigen einer friedenserhaltenden VN-Mission siehe *William Durch/Katherine N. Andrews/Madeline L. England/Matthew C. Weed*, Improving Criminal Accountability in United Nations Peace Operations, Stimson Center Report No. 65, 2009; *Geert-Jan Alexander Knoops*, The Prosecution and Defense of Peacekeepers under International Criminal Law, 2004.

I. Zum (inzwischen „schillernd" gewordenen) Begriff der „VN-Friedensmissionen" und deren Rechtsgrundlagen

Über den genauen Inhalt des Begriffs der „VN-mandatierten Friedensmission" herrscht ebenso Unklarheit wie über denjenigen der „*UN Peacekeeping Mission*". Dieser Unklarheit sei eingangs dieser kurzen Stellungnahme dadurch abgeholfen, dass der eigene Begriffsgebrauch offen gelegt wird.

Idealtypisch lassen sich nach der Satzung der Vereinten Nationen (SVN) militärische Zwangsmaßnahmen („*enforcement measures*") und friedenserhaltende Maßnahmen („*peacekeeping measures*") einander gegenüberstellen. Militärische Zwangsmaßnahmen im Rahmen des Systems kollektiver Sicherheit nach Art. 42 der SVN bedeuten idealtypisch den Einsatz massiver militärischer Gewalt gegen einen staatlichen Friedensstörer zur Wiederherstellung des von diesem Störer gebrochenen oder zumindest bedrohten internationalen Friedens i.S.v. Art. 39 SVN. Art. 43 SVN sieht für die Durchführung solcher Zwangsmaßnahmen die Aufstellung von Truppen der Vereinten Nationen vor.[1] Doch haben sich die Staaten bislang nicht dazu bereit gefunden, den VN solche genuin internationalen Streitkräfte an die Hand zu geben. Deshalb folgt die Praxis dem so genannten Ermächtigungsmodell, wonach der Sicherheitsrat einzelnen Staaten bzw. Staatengruppen gestützt auf das VII. Kapitel der SVN das Mandat zum militärischen Gewalteinsatz gegen den Störer erteilt.[2] Insoweit das betreffende Mandat reicht, dispensiert es vom Verbot der militärischen Gewaltanwendung nach Art. 2 Nr. 4 SVN. Der alliierte Gewalteinsatz des Jahres 1991 gegen den Irak gestützt auf die Resolution 678 des VN-Sicherheitsrats (SR)[3] ist der diesem Idealtyp der militärischen Zwangsmaßnahme bislang am nächsten kommende Fall.

Dem steht die idealtypische friedenserhaltende Operation gegenüber. Sie verfolgt das Ziel, einen bereits eingetretenen, aber noch fragilen Frieden zu sichern. Die zu diesem Zweck eingesetzten Friedenstruppen agieren mit Zustimmung des jeweiligen Gebietsstaates („*host state consent*"), sie agieren gewaltfrei mit Ausnahme der Befugnis, sich gegen einen gegenwärtigen Angriff zu verteidigen („*non-use of force except in self-defence*"), und sie agieren schließlich ohne für oder gegen eine der (früheren) Konfliktparteien Position zu beziehen („*impartiality*"). Die ersten Missionen dieser Art (*United Nations Yemen Observation Mission* (UNYOM), *United Nations Military Observer Group in India and Pakistan* (UNGOMIP), *United Nations Troop Supervision Operation in the Middle East* (UNTSO)) wurden Ende der 1940er Jahre eingerichtet und nahmen (im Wesentlichen unbewaffnet) die Aufgabe der Beobachtung wahr.[4] Die bis heute bekannteste Friedenstruppe eines „klassischen" friedenserhaltenden Zuschnitts ist die nach dem Suez-Konflikt 1956 von der VN-Generalversammlung (GV)[5] eingesetzte *United*

Nations Emergency Force in the Suez (UNEF I).[6] Diese Truppe wurde mit Zustimmung Ägyptens auf dem Gebiet dieses Staates stationiert, um dort den Waffenstillstand zwischen Ägypten einerseits und Großbritannien, Frankreich und Israel andererseits zu sichern, aber auch um weitere nicht-militärische Aufgaben wie die Entminung, den Austausch von Kriegsgefangenen sowie die Wiederherstellung zerstörter Straßen zu erfüllen. Im Zusammenhang mit dieser Friedensmission formulierte der damalige VN-Generalsekretär (GS) *Dag Hammarskjöld* die drei soeben genannten Grundprinzipien („*fundamental principles*") von Friedensmissionen.[7] Eine ausdrücklich auf solche Missionen zugeschnittene Rechtsgrundlage findet sich weder im VI. noch im VII. Kapitel der SVN, und bisweilen ist ein nicht existentes „Kapitel VI*bis*" bemüht worden, um die Zwischenstellung solcher Missionen in ein passendes Bild zu kleiden.[8] Ungeachtet der Schwierigkeit, in der SVN die am besten passende Rechtsgrundlage für die Einsetzung einer klassischen friedenserhaltenden Operation zu finden (in Betracht kommen einzelne oder eine Gesamtschau von Bestimmungen von Kapitel VI, Art. 40 SVN oder eine stillschweigend vorausgesetzte Befugnis „*implied power*"), steht die Rechtmäßigkeit einer solchen Maßnahme auch im Licht der von den VN-Mitgliedstaaten akzeptierten Praxis im Wesentlichen außer Streit.[9]

---

[1] *Thomas Franck*, Recourse to Force, 2002, S. 20 ff.

[2] *Thomas Franck*, Recourse to Force, 2002, S. 24 ff.; *Erika de Wet*, The Chapter VII Powers of the United Nations Security Council, 2004, S. 256 ff.

[3] S/RES/678 (1990), 29.11.1990.

[4] *James Sloan*, The Militarisation of Peacekeeping in the Twenty-First Century, 2011, S. 21 f.

[5] Die Einsetzung einer VN-Friedensmission durch die GV an der Stelle des VN-Sicherheitsrats ist bis heute der Ausnahmefall geblieben; die auf die Organkompetenz bezogenen Rechtsfragen können deshalb im Folgenden im Wesentlichen ausgeklammert werden; hierzu hat der Internationale Gerichtshof (IGH) in *Certain Expenses of the United Nations*, ICJ Reports 1962, S. 151, 162-172, im Wesentlichen

festgestellt, dass die Einsetzung einer friedenserhaltenden Operation durch die GV zwar in Betracht komme, die Mission dann aber nicht als Zwangsmaßnahme i.S.d. VII. Kapitels des SVN eingeordnet werden dürfe. Diese Voraussetzung dürften allein klassische friedenserhaltende Missionen erfüllen.

[6] *Rosalyn Higgins*, United Nations Peacekeeping 1946-1967. Documents and Commentary, Band 1, The Middle East, 1969, S. 221 ff.

[7] S. insbesondere die *Summary Study of the Experience Derived from the Establishment and Operation of the Force: Report of the Secretary-General*; UN Doc. A/3943, 9.10.1958; aus dem Schrifttum s. *Mats Berdal*, The Security Council and Peacekeeping, in: Vaughan Lowe et al. (Hrsg.), The United Nations Security Council and War, 2010, S. 179; *James Sloan*, The Militarisation of Peacekeeping in the Twenty-First Century, 2011, S. 22 ff.; (jew. m.w.Nachw.).

[8] *Thomas Franck*, Recourse to Force, 2002, S. 39 f.

[9] Für detailliertere Auseinandersetzungen mit der Frage der richtigen Rechtsgrundlage sei auf *James Sloan*, The Militarisation of Peacekeeping in the Twenty-First Century, 2011, S. 64 ff., und *Michael Bothe*, Peace-Keeping, in: Bruno Simma et al. (Hrsg.), The Charter of the United Nations. A Commentary, Vol. I, 2nd ed., 2002, S. 684 ff. (Rdn. 83 ff.), verwiesen.

Diese idealtypische Gegenüberstellung bildet die gegenwärtige Praxis der VN indessen nicht mehr vollständig ab. Denn inzwischen nehmen Zwischenformen einen zentralen Platz ein. Diese haben zu einer so weitgehenden Annäherung von „Zwangsmaßnahmen" und „friedenserhaltenden Maßnahmen" geführt, dass die begriffliche Unterscheidung schwierig wird. Auf der Seite der Zwangsmaßnahmen hat der VN-Sicherheitsrat seit den 1990er Jahren wiederholt Staaten oder Staatengruppen dazu ermächtigt, Gewalt nicht gegen einen friedensstörenden Staat, sondern gegen nicht-staatliche Akteure zum Einsatz zu bringen. Dabei ist das Mandat einmal enger gefasst, ein anderes Mal weiter formuliert, ohne jedoch das Ausmaß eines umfassenden Waffenganges zu avisieren. Häufig sollen solche „Zwangsmaßnahmen" einer nachfolgenden „friedenserhaltenden Operation" den Boden bereiten und typischerweise erfolgen solche „Zwangsmaßnahmen" mit der Zustimmung des Gebietsstaates. Solche Maßnahmen werden im Folgenden im Anschluss an *James Sloan*[10] als „Quasi-Zwangsmaßnahmen" (*„Quasi-Enforcement"*) bezeichnet, um die Differenz zur klassischen Zwangsmaßnahme von der Art der militärischen Befreiung Kuwaits zu bezeichnen. Ihre Rechtsgrundlage finden indessen auch die Quasi-Zwangsmaßnahmen im VII. Kapitel der SVN, und dort in Art. 42 SVN. Historische Beispiele solcher Quasi-Zwangsmaßnahmen waren etwa der NATO-Einsatz zur militärischen Absicherung der Verteilung humanitärer Hilfe durch die VN im auseinander fallenden Jugoslawien gestützt auf SR-Resolution 770[11] vom August 1992, der US-amerikanische Gewalteinsatz in Somalia (*Unified Task Force* (UNITAF)) gestützt auf SR-Resolution 794[12] vom Dezember 1992 und die von Australien geführte *International Force for East Timor* (INTERFET) gestützt auf SR-Resolution 1264[13] vom September 1999. Die aus deutscher Sicht praktisch bedeutsamsten und politisch wohl brisantesten Quasi-Zwangsmaßnahmen werden seit Dezember 2001 durch die *International Security Assistance Force* (ISAF) in Afghanistan durchgeführt. In diesem Fall ergibt sich aus dem Zusammenspiel der

Resolutionen 1386 (2001) und 1510 (2003) sowie den nachfolgenden Verlängerungsresolutionen die Befugnis, alle erforderlichen militärischen Mittel einzusetzen,

„to support the Afghan Transitional Authority and its successors in the maintenance of security in Afghanistan, so that the Afghan Authorities as well as the personnel of the United Nations and other international civilian personnel engaged, in particular, in reconstruction and humanitarian efforts, can operate in a secure environment, and to provide security assistance for the performance of other tasks in support of the Bonn agreement."[14]

Auf der Seite der „friedenserhaltenden Maßnahmen" dominieren seit längerer Zeit diejenigen Missionen, die mit einem Mandat versehen sind, das über den Gewalteinsatz zur Selbstverteidigung mehr oder weniger deutlich hinausgeht.[15] Bei solchen „friedenserhaltenden Maßnahmen" ist die Unparteilichkeit im natürlichen Sinn dieses Wortes nicht gewährleistet, sondern auch die dezidierte Unterstützung insbesondere der staatlichen Partei in einem nicht-internationalen bewaffneten Konflikt möglich. Auf der anderen Seite ist es auch zu Konstellationen gekommen, in denen sich die „friedenserhaltenden Truppen" gezwungen sahen, Gewalt gegen Positionen des Gebietsstaates anzuwenden, so dass von einem Vorgehen mit Zustimmung dieses Staates kaum mehr gesprochen werden konnte. Auch der begrenzte, aber über die Selbstverteidigung hinausgehende Gewalteinsatz durch VN-Truppen gegen bewaffnete nicht-staatliche Akteure in einem Staat ohne Staatsgewalt (*„failed state"*) ist als „friedenserhaltend" bezeichnet worden. „Friedenserhaltende Maßnahmen" dieser Art werden insbesondere innerhalb der VN als „robust" bezeichnet (*„robust peacekeeping"*).[16] Noch deutli-

---

[10] The Militarisation of Peacekeeping in the Twenty-First Century, 2011, S. 51 ff.

[11] S/RES/770 (1992), 13.8.1992.

[12] S/RES/794 (1992), 3.12.1992.

[13] S/RES/1264 (1999), 15.9.1999.

[14] Mit Resolution 1386 (S/RES/1386 (2001), 20.12.2001), beschloss der SR die Einrichtung von ISAF zur Unterstützung der Afghanischen Interimsverwaltung bei der Aufrechterhaltung der Sicherheit in Kabul und seiner Umgebung. Eine Ausweitung des Mandats auf Gebiete Afghanistans außerhalb Kabuls erfolgte mit Resolution 1510 (S/RES/1510 (2003), 13.10.2003). Das ursprünglich für sechs Monate erteilte Mandat wurde seitdem halbjährlich, später jährlich verlängert.

[15] Hierzu minutiös nun *James Sloan*, The Militarisation of Peacekeeping in the Twenty-First Century, 2011, S. 22 ff. (m.w.Nachw.), S. 122.

[16] Vgl. insbesondere United Nations Department of Peacekeeping Operations/Department of Field Support, A New Partnership Agenda. Charting a New Horizon for UN

cher ist die jüngst von *James Sloan*[17] vorgeschlagene Bezeichnung der „*militarisierten* friedenserhaltenden Maßnahme". Diese Bezeichnung wird dieser Stellungnahme zur Vermeidung jeder terminologischen Beschönigung des zu analysierenden Sachverhalts zugrunde gelegt. Die erste Operation dieser Art war die *United Nations Operation in the Congo* (ONUC), die gestützt insbesondere auf SR-Resolution 161[18] vom Februar 1961 in erheblichem Umfang militärisch in den kongolesischen Bürgerkrieg eingriff.[19] Blieb eine solche Militarisierung zunächst die Ausnahme, so ist die Mandatierung von „friedenserhaltenden Operationen" zum Gewalteinsatz jenseits der Selbstverteidigung seit den 1990er Jahren zu einer verbreiteten Praxis geworden. Aus den 1990er Jahren sei beispielsweise die zweite *United Nations Operation in Somalia* (UNOSOM II) erwähnt, die vom SR in Resolution 814[20] vom März 1993 u.a. zu „*such forceful action*" ermächtigt wurde,

> „as may be required to neutralize armed elements that attack or **threaten to attack** UN personnel or property and that of its agencies, the ICRC and NGO's" (Hervorh. des Verfassers).[21]

Aus der jüngsten Vergangenheit sei (wiederum nur beispielsweise) auf die *United Nations Organization Mission in the Democratic Republic of the Congo* (MONUC) bzw. die *United Nations Organization Stabilization Mission in the Democratic Republic of the Congo* (MONUSCO)[22], auf die *United Nations Operation in Côte d'Ivoire* (UNOCI) sowie auf die *African Union/United Nations Hybrid Mission in Darfur* (UNAMID) verwiesen. MONUC wurde bereits im Februar 2000 durch

SR-Resolution 1291 u.a. dazu ermächtigt, Gewalt anzuwenden

> „to protect civilians under imminent threat of physical violence"[23],

im Juli 2003 bestätigte der SR mit Resolution 1493 das Mandat zum gewaltsamen Schutz von Zivilisten und ermächtigte MONUC darüber hinaus zum Einsatz von Gewalt,

> „to contribute to the improvement of the security conditions in which humanitarian assistance is provided".[24]

MONUSCO wurde durch SR-Resolution 1925 im Mai 2010 das MONUC-Mandat zum gewaltsamen Schutz von Zivilisten anvertraut. In diesem Zusammenhang wurde MONUSCO u. a. auch dazu ermächtigt, Gewalt einzusetzen,

> „[to] support the efforts of the Government of the Democratic Republic of the Congo to bring the ongoing military operations against the FDLR, the Lord's Resistance Army (LRA) and other armed groups, to a completion [...]".[25]

UNOCI wurde bereits mit SR-Resolution 1528[26] vom Februar 2004 zum gewaltsamen Schutz von Zivilisten ermächtigt und UNAMID erhielt durch SR-Resolution 1769 vom Juli 2007 das Mandat zum Gewalteinsatz u.a.

> „to support early and effective implementation of the Darfur Peace Agreement" und „to protect civilians, without prejudice to the responsibility of the Government of Sudan".[27]

Der vorstehende Vergleich erweist, dass sich die beiden Zwischenformen, die sich in der Praxis der VN herausgebildet haben, und die in dieser Stellungnahme „Quasi-Zwangsmaßnahmen" bzw. „militarisierte friedenserhaltende Maßnahmen" genannt werden, im Hinblick auf die den Truppen eingeräumten Befugnisse *qualitativ* nicht mehr voneinander unterscheiden. Auch die Rechtsgrundlage kann in beiden Fällen nur übereinstimmend der im VII. Kapitel der SVN angesiedelte Art. 42 SVN sein, der zum Einsatz militärischen Zwangs er-

---

Peacekeeping, Juli 2009, S. 21 f.; in dem zweiten Fortschrittsbericht zu dieser Initiative wird statt „*robust*" der Begriff „*effective*" gewählt; The New Horizon Initiative: Progress Report Nr. 2, S. 12.

[17] The Militarisation of Peacekeeping in the Twenty-First Century, 2011, S. 31.

[18] S/RES/161 (1961), 21.2.1961.

[19] *Rosalyn Higgins*, United Nations Peacekeeping 1946-1967. Documents and Commentary, Band 3, Africa, 1980, S. 5 ff.; *Mats Berdal*, The Security Council and Peacekeeping, in: Vaughan Lowe et al. (Hrsg.), The United Nations Security Council and War, 2010, S. 182 ff.

[20] S/RES/814 (1993), 26.3.1993.

[21] *James Sloan*, The Militarisation of Peacekeeping in the Twenty-First Century, 2011, S. 146 ff.

[22] *James Sloan*, The Militarisation of Peacekeeping in the Twenty-First Century, 2011, S. 192 ff.

[23] S/RES/1291 (2000), 24.2.2000, Abs. 8.

[24] S/RES/1493 (2003), 28.7.2003, Abs. 25.

[25] S/RES/1925 (2010), 28.5.2010, Abs. 11 i.V.m. Abs. 12 (h).

[26] S/RES/1528 (2004), 27.2.2004, Abs. 8 i.V.m. Abs. 6 (i).

[27] S/RES/1769 (2007), 31.7.2007, Abs. 15 (ii).

mächtigt. (Der SR sieht von einer präzisen rechtlichen Zuordnung durchgängig ab). Der zentrale rechtliche Unterschied zwischen „Quasi-Zwangsmaßnahmen" und „militarisierten friedenserhaltenden Maßnahmen" besteht demnach nicht im Umfang der eingeräumten (Zwangs-)Befugnisse, sondern darin, dass im ersten Fall das Kommando (*operational command*) bei den staatlichen Streitkräften verbleibt, wohingegen die Truppen im letzteren Fall unter VN-Kommando gestellt werden.[28] Während der enge systematische Zusammenhang natürlich im Blick behalten wird, soll sich diese Stellungnahme auf die militarisierten friedenserhaltenden Operationen konzentrieren.

Diesen werden spätestens seit Beginn des neuen Jahrtausends verstärkt Aufgaben der „frühen Friedenskonsolidierung" („*early peacebuilding*") zugewiesen. Als Beispiel sei an dieser Stelle SR-Resolution 1925 genannt, die die *United Nations Stabilization Mission in the Democratic Republic of the Congo* (MONUSCO) unter der Überschrift „*Stabilization and peace consolidation*" mit einem langen Katalog von Aufgaben betraut.[29] Im Fall einer militarisierten friedenserhaltenden Operation wie MONOSCU erstrecken sich die Aufgaben demnach über die drei Phasen des *peace making*, *peace keeping* and *peace building*. Solche friedenserhaltenden Operationen werden inzwischen verbreitet als „multidimensional" bezeichnet.[30]

II. Zu den Problemen und Dilemmata bisheriger militarisierter friedenserhaltender VN-Missionen

Eine eingehende Bewertung jeder einzelnen militarisierten friedenserhaltenden VN-Mission unter dem Gesichtspunkt ihrer jeweiligen Erfolge und Misserfolge ist im Rahmen dieser kurzen Stellungnahme nicht möglich. Die Urteile würden aller Voraussicht nach sehr differenziert ausfallen, zu unterschiedlich sind die einzelnen Mandate und die Rahmenbedingungen für ihre Erfüllung.[31] Zu berücksichtigen ist überdies, dass es – soweit ersichtlich – keine auf wissenschaftlicher Grundlage erarbeiteten Kriterien gibt, um die Wirksamkeit der Aufgabenerfüllung durch friedenserhaltende Missionen festzustellen.[32]

In dieser Stellungnahme wird eine globalere Perspektive eingenommen. Bei dieser darf nicht unberücksichtigt bleiben, dass die VN auch für zahlreiche ihrer kompliziertesten Missionen Erfolge bei der Rettung von Menschenleben und bei der Stabilisierung der jeweiligen Sicherheitslage geltend machen, und dies vermutlich zu Recht.[33] Dennoch dürfte das skeptische Gesamturteil zutreffen, die VN hätten mit ihren bisherigen *militarisierten* friedenserhaltenden VN-Missionen keine uneingeschränkte Erfolgsgeschichte geschrieben. Dies gilt nicht nur deshalb, weil sich mit diesen Operationen die Erinnerung an die nicht verhinderten Völkermorde in Ruanda (1994) und Srebrenica (1995) sowie – bis in die jüngste Vergangenheit – an weitere nicht verhinderte Grausamkeiten verbindet. Vielmehr trüben in nicht wenigen Einsätzen ganz erhebliche Verluste unter den VN-Friedenstruppen selbst das Bild. Schließlich und vor allem aber ist die Liste der militarisierten friedenserhaltenden VN-Operationen, die bei der Erfüllung ihrer Man-

---

[28] Im Schrifttum werden Quasi-Zwangsmaßnahmen und militarisierte friedenserhaltende Maßnahmen bisweilen unter dem Begriff des „*peace enforcement*" zusammen gezogen (*Terry D. Gill*, Legal Characterization and Basis for Enforcement Operations and Peace Enforcement Operations, in: Terry D. Gill/Dieter Fleck (Hrsg.), The Handbook of the International Law of Military Operations, 2010, S. 81 ff.) was natürlich möglich ist, wenn es im jeweiligen Zusammenhang auf die unterschiedliche Kommandostruktur nicht entscheidend ankommt. Sehr schwierig wird es mit der Begriffsklarheit allerdings dann, wenn dennoch der Versuch unternommen wird, zwischen *peace enforcement* und *robust peace operations* zu unterscheiden; so aber *Terry D. Gill*, Characterization and Legal Basis for Peace Operations, in: Terry D. Gill/Dieter Fleck (Hrsg.), The Handbook of the International Law of Military Operations, 2010, S. 137, der dann auch „*'grey areas' and a certain degree of overlap*" einräumt.

[29] S/RES/1925 (2010), 28.5.2010, Abs. 12 l) - t).

[30] S. etwa *Christian Schaller/Ulrich Schneckener*, Das Peacebuilding-System der Vereinten Nationen, SWP Studie, 2009, S. 15.

[31] Für eine differenzierte Bewertung dementsprechend *Sarah-Myriam Martin-Brûlé*, Assessing Peace Operations' Mitigated Outcomes, International Peacekeeping (2012), 235 ff.

[32] Hinzuweisen ist aber auf die Bemühungen von *William Durch*, die *impact*-Forschung zu friedenserhaltenden Missionen zu verbessern; die ersten Untersuchungen betreffen die zivile Komponente; http://www.stimson.org/programs/future-of-peace-operations/.

[33] Zu der These, die VN-Präsenz in Krisenstaaten habe seit 2000 zu einer erheblichen Reduktion der „Rückfallquote" nach Friedensschlüssen beigetragen, s. *Christian Schaller/Ulrich Schneckener*, Das Peacebuilding-System der Vereinten Nationen, SWP Studie, 2009, S. 8.

date erheblichen Schwierigkeiten begegneten, aller (je nach Mission unterschiedlichen) Erfolge zum Trotz lang. Zu nennen sind an dieser Stelle

- die United Nations Protection Force in Yugoslavia (UNPROFOR) (1993-1995),

- die Second United Nations Operation in Somalia (UNOSOM II) (1993-1995),

- die First and Second United Nations Assistance Mission for Rwanda (UNAMIR I, II) (1993-1994),

- die United Nations Mission in Sierra Leone (UNAMSIL) (1999-2005)[34],

- die United Nations Organization Mission in the Democratic Republic of the Congo (MONUC) (2000-2010) sowie die United Nations Organization Stabilization Mission in the Democratic Republic of the Congo (MONUSCO) (seit 2010),

- die United Nations Mission in Liberia (UNMIL) (seit 2003),

- die United Nations Mission in Côte d'Ivoire (UNOCI) (seit 2004),

- die United Nations Stabilization Mission in Haiti (MINUSTAH) (seit 2004),

- die United Nations Operation in Burundi (ONUB) (2004-2006),

- die African Union/United Nations Hybrid Mission in Darfur (UNAMID) (seit 2007),

- die United Nations Mission in Central African Republic and Chad (MINURCAT) (2009-2010).

Dem stehen mit der zweiten Phase der *United Nations Mission in Haiti* (UNMIH) (1995-1996) und der *United Nations Transitional Administration in East Timor* (UNTAET) (1999-2002) lediglich zwei militarisierte friedenserhaltende Operationen gegenüber, bei denen die Erfolge sehr deutlich

überwiegen. Bemerkenswerterweise hatte in beiden Fällen zunächst eine entschlossen durchgeführte Quasi-Zwangsmaßnahme für eine weitgehende Beruhigung der Lage gesorgt.

Die Rahmenbedingungen der im Wesentlichen erfolgreichen UNTAET seien zur Verdeutlichung etwas näher ausgeführt.[35] In Osttimor war es 1999 zu fürchterlichen Verbrechen gegen die Menschlichkeit gekommen, nachdem sich die Bevölkerung in einem Referendum deutlich für die staatliche Unabhängigkeit ausgesprochen hatte. Im September 1999 ermächtigte der SR mit Resolution 1264 die von Australien geführte *International Force for East Timor* (INTERFET) zum Einsatz von Gewalt u.a. „*to restore peace and security*"[36]. Die Noch-Besatzungsmacht Indonesien stimmte (wenngleich zögerlich) zu. INTERFET wurde zügig aufgestellt und zeigte die Bereitschaft zum entschiedenen Gewalteinsatz gegen Friedensstörer („*spoiler*"). Bereits in Resolution 1264 hatte der SR ebenfalls beschlossen, INTERFET so bald wie möglich durch eine militarisierte friedenserhaltende VN-Mission abzulösen. Bereits im Oktober beschloss der SR mit Resolution 1272[37] die Einsetzung von UNTAET, die neben einer zivilen Übergangsverwaltungskomponente über eine starke militärische Komponente verfügte. Letztere stellte wiederum in beachtlichem Umfang Australien, das der Unterstellung eines großen Teils seiner INTERFET-Kräfte unter VN-Kommando (so genanntes „*re-hatting*") zustimmte. Die militärische Komponente der UNTAET verfügte über ein ausdrückliches SR-Mandat nach Kapitel VII der SVN zum Gewalteinsatz zur Gewährleistung von Sicherheit. Die Übertragung der militärischen Aufgaben von INTERFET an UNTAET vollzog sich bereits im Februar 2000 soweit ersichtlich reibungslos, insbesondere wegen des „*re-hattings*" von etwa 70% der INTERFET-Kräfte zu solchen der UNTAET. Weitere dem Erfolg von UNTAET zuträgliche Faktoren dürften die deutliche Verbesserung des Verhältnisses zwischen Indonesien und Osttimor sowie die vergleichsweise überschaubare Größe des Operationsgebiets gewesen sein.

---

[34] Diese Operation wird trotz ihrer Schwierigkeiten von *Funmi Olonisakin*, Peacekeeping in Sierra Leone: The Story of UNAMSIL, 2008, S. 93 ff., als Erfolg eingestuft, wofür bei einer Gesamtbetrachtung gute Gründe sprechen. Zu beachten ist allerdings der erhebliche Beitrag der unter eigenem Kommando operierenden britischen Truppen insbesondere zu Beginn der Operation; *Mats Berdal*, The Security Council and Peacekeeping, in: Vaughan Lowe et al. (Hrsg.), The United Nations Security Council and War, 2010, S. 197 f.; *James Sloan*, The Militarisation of Peacekeeping in the Twenty-First Century, 2011, S. 166 ff.

[35] *James Sloan*, The Militarisation of Peacekeeping in the Twenty-First Century, 2011, S. 181 ff.

[36] S/RES/1264 (1999), 15.9.1999, Abs. 3.

[37] S/RES/1272 (1999), 25.10.1999.

Demgegenüber konnte bzw. kann keine der oben genannten (in unterschiedlichem Ausmaß) von Misserfolgen heimgesuchten militarisierten friedenserhaltenden VN-Missionen unter auch nur einigermaßen vergleichbar günstigen Rahmenbedingungen tätig werden wie UNTAET. Stattdessen hatten bzw. haben diese Missionen mit ganz erheblichen Schwierigkeiten zu kämpfen, deren wichtigste im Folgenden kurz bezeichnet seien.[38]

1. Fehlender politischer Wille auf der Seite des SR

In nicht wenigen Fällen fehlte es dem SR an dem politischen Willen, die jeweilige friedenserhaltende VN-Mission mit einem hinreichend klaren Mandat zum Einsatz der erforderlichen militärischen Gewalt zu versehen. In manchen Fällen erwies sich der jeweilige Beschluss des SR, eine friedenserhaltende Operation durchzuführen, geradezu als Feigenblatt für den fehlenden Willen, eine entschiedene (Quasi-)Zwangsmaßnahme durchzuführen.

Besonders gravierende Beispiele für ein solches Versagen des SR bieten VN-Missionen in den 1990er Jahren. So wurde UNPROFOR mit Resolution 836 zum Beispiel die Aufgabe der Abschreckung von Angriffen auf Schutzzonen übertragen.[39] Die Erfüllung dieser (wie sich zeigen sollte: brennend notwendigen) Aufgabe hätte, wie klar zu Tage lag, den Einsatz militärischer Gewalt jenseits von Selbstverteidigung erfordert. Doch wurde die Ermächtigung zum Gewalteinsatz auf das Handeln in Selbstverteidigung beschränkt.[40] Die Formulierung einer solchen SR-Resolution mag man in Anbetracht höchst unterschiedlicher politischer Positionen von Mitgliedern des SR als *diplomatische Meisterleistung* bezeichnen, für einen VN-Kommandeur ist ein solches Mandat allerdings *praktisch undurchführbar*. Die desaströsen Folgen des Versagens des SR im Fall Jugoslawien bis hin zum Völkermord in Srebrenica im Juli 1995 sind

bekannt.[41] Die Wende brachte erst der NATO-geführte Einsatz „*Deliberate Force*" im August/September 1995, ein entschieden geführter Gewalteinsatz im Rahmen einer Quasi-Zwangsmaßnahme.[42]

Im Fall Ruanda wurde das Ersuchen des VN-Kommandeurs von UNAMIR I, Gewalt anzuwenden, um den sich abzeichnenden Angriffen gegen die Tutsis wirksam entgegenzutreten, unter Hinweis auf das Fehlen eines entsprechenden Mandats zurückgewiesen.[43] Es wurde bereits darauf hingewiesen, dass UNAMIR II seine militärische Sollstärke erst erreicht hatte, als die Ermordung von etwa 800.000 Menschen in Ruanda bereits stattgefunden hatte. An dieser Stelle ist zu ergänzen, dass der SR UNAMIR II in Resolution 918[44] vom Mai 1994 nicht mit einem klar über Selbstverteidigung hinausreichenden Mandat versah, obwohl zum maßgeblichen Zeitpunkt keine Unklarheit mehr über den ruandischen Völkermord herrschen konnte.[45]

Auch in den 2000er Jahren hat es der SR verschiedentlich versäumt, das Mandat zum Gewalteinsatz jenseits von Selbstverteidigung klar zu formulieren, das die von ihm eingesetzte VN-Mission benötigte, um ihre Aufgabe zu erfüllen. So beauftragte der SR UNMIL 2003 in Resolution 1509 mit der Aufgabe, an Schlüsselstellen Liberias Sicherheit herzustellen und die Voraussetzungen dafür zu schaffen, dass humanitäre Hilfe in einem sicheren Umfeld geleistet werden könne. Überdies betraute der SR UNMIL mit dem Schutz von Zivilisten „*under imminent threat of physical violence*"[46]. Doch versäumte es der SR zugleich, UNMIL soweit erforderlich ausdrücklich zum Einsatz von Gewalt zu ermächtigen. Daraufhin war es an dem *UN Legal Counsel*, auf die Frage eines VN-Mitgliedstaats hin klarzustellen, dass die Auslegung von Resolution

---

[38] Für eine deutlich eingehendere Analyse s. *James Sloan*, The Militarisation of Peacekeeping in the Twenty-First Century, 2011, S. 142 ff.; sehr informativ auch *Denis M. Tull*, Die Peacekeeping-Krise der Vereinten Nationen, SWP-Studie, 2010, S. 7 ff.

[39] S/RES/836 (1993), 4.6.1993, Abs. 5.

[40] S/RES/836 (1993), 4.6.1993, Abs. 9.

[41] Für eine ernüchternde zusammenfassende Analyse jüngeren Datums s. *Mats Berdal*, The Security Council and Peacekeeping, in: Vaughan Lowe et al. (Hrsg.), The United Nations Security Council and War, 2010, S. 194 ff.

[42] *Claus Kreß*, Friedenssicherung durch Vereinte Nationen und NATO. Völkerrechtliche Kritik Russlands gegenüber der Bosnien-Operation „Deliberate Force" im August/September 1995, Archiv des Völkerrechts 35 (1997), S. 213 ff.

[43] *James Sloan*, The Militarisation of Peacekeeping in the Twenty-First Century, 2011, S. 149.

[44] S/RES/918 (1994), 17.5.1994.

[45] *James Sloan*, The Militarisation of Peacekeeping in the Twenty-First Century, 2011, S. 152.

[46] S/RES/1509 (2003), 19.9.2003, Abs. 3 (i), (j), (k).

1509 die (stillschweigende) Ermächtigung zum Gewalteinsatz jenseits von Selbstverteidigung ergebe.[47] Dieselbe rechtliche Problematik ergab sich im Hinblick auf SR-Resolution 1542[48] zur Einsetzung von MINUSTAH.

UNAMID schließlich leidet neben anderem vor allem daran, nicht auch entschieden gegen das tief in Völkerrechtsverletzungen verstrickte sudanesische Regime vorgehen zu können, das die Arbeit der Friedenstruppen massiv behinderte und das nicht einmal davor zurückschreckte, Angehörige von UNAMID wiederholt direkt anzugreifen. Zwar enthält das UNAMID-Mandat eine Ermächtigung zum Gewalteinsatz jenseits von Selbstverteidigung, die so gelesen werden kann, dass sie auch zu einem gewaltsamen Vorgehen gegen die sudanesische Regierung berechtigte.[49] Doch ist schon das Mandat selbst in diesem Punkt nicht klar formuliert, weil die maßgebliche SR-Resolution das Einvernehmen mit dem Sudan und dessen Souveränität betont.[50] In jedem Fall hätte es UNAMID wegen der Haltung von Staaten wie der Russischen Föderation und China bei einem entschiedenen Vorgehen gegen sudanesische Regierungskräfte und die mit ihnen verbündeten Milizen an der politischen Rückendeckung des SR gefehlt. Vor diesem Hintergrund wirkte die wiederholte Aufforderung des SR an UNAMID zum *„full use of its mandate and capabilities"*[51] schal und weckt Erinnerungen an die fatale Praxis der 1990er Jahre. Auch bei UNAMID drängt sich der Eindruck auf, der SR bediene sich einer militarisierten friedenserhaltenden VN-Mission als Feigenblatt, um über den fehlenden politischen Willen zu einer wirkungsvollen (d. h. hier: militärischen) Wahrnehmung der internationalen Schutzverantwortung (*„responsibility to protect"*) zugunsten der gepeinigten Zivilbevölkerung Darfurs hinwegzutäuschen.

2. Schwierigkeiten bei der stringenten Verwirklichung des VN-Kommandos

Es zeigen sich Schwierigkeiten bei der Durchsetzung des militärischen Kommandostrangs der VN, weil einzelne Kommandeure nationalen Vorgaben bzw. Stimmungen den Vorrang vor den Vorgaben der VN einräumten bzw. in Folge eines nationalen *caveats* einzuräumen hatten. So gab es im Fall von MINUSTAH Berichte von einem zögerlichen Vorgehen des brasilianischen Kommandeurs mit Rücksicht auf die in Brasilien vorherrschenden Vorbehalte gegenüber einem robusten militärischen Vorgehen.[52] Eine ähnliche Zurückhaltung übten Truppen unter der Führung eines uruguayischen Kommandeurs im Fall MONUC.[53] Im Fall von UNAMSIL ist von der Befehlsverweigerung eines nigerianischen Truppenteils berichtet worden.[54]

3. Zu geringe Truppenstärke und Verspätungen bei der Truppenentsendung

In den meisten Fällen (das gilt mindestens für UNOSOM II, MONUC, UNMIL, UNOCI, ONUB, UNAMID, MINURCAT) war die Truppe zahlenmäßig zu schwach, um ihr jeweiliges militarisiertes Mandat, darunter insbesondere der Schutz von Zivilisten, wirkungsvoll zu erfüllen.[55] Hinzu kamen (in besonders gravierendem Ausmaß bei MONUC, UNMIL, MINUSTAH, ONUB, UNAMID, MINURCAT) Verzögerungen bei der Truppenstellung durch die Mitgliedstaaten der VN, so dass sich die jeweilige Mission gerade in der Anfangsphase ihrer Präsenz als schwach erwies und von der Bevölkerung vor Ort sowie von *spoilern* so auch wahrgenommen wurde.[56]

---

[47] *James Sloan*, The Militarisation of Peacekeeping in the Twenty-First Century, 2011, S. 225 ff.

[48] S/RES/1542 (2004), 30.4.2004; *James Sloan*, The Militarisation of Peacekeeping in the Twenty-First Century, 2011, S. 253 ff.

[49] S/RES/1769 (2007), 31.7.2007, Abs. 15.

[50] S/RES/1769 (2007), 31.7.2007, Präambelabs. 2.

[51] S/RES/1881 (2009), 30.7.2009, Abs. 2; S/RES/1935 (2010), 30.7.2010, Abs. 1.

[52] *James Sloan*, The Militarisation of Peacekeeping in the Twenty-First Century, 2011, S. 248 f.

[53] *James Sloan*, The Militarisation of Peacekeeping in the Twenty-First Century, 2011, S. 197 f.

[54] *James Sloan*, The Militarisation of Peacekeeping in the Twenty-First Century, 2011, S. 169.

[55] *James Sloan*, The Militarisation of Peacekeeping in the Twenty-First Century, 2011, S. 147, 193 ff., 223, 233 ff., 259, 270.

[56] *James Sloan*, The Militarisation of Peacekeeping in the Twenty-First Century, 2011, S. 193 ff., 222, 248, 258, 268 f., 277.

4. Unzureichende Ausstattung

In vielen Fällen erwies sich die Ausstattung der Truppe als unzureichend für die Erfüllung eines militarisierten Mandats. Geltend gemacht wurden etwa ausgehende Munition (zum Beispiel im Fall von UNAMSIL[57]), fehlende militärische Aufklärungstechnik (zum Beispiel im Fall von ONUB[58]) und das Fehlen von Militärhubschraubern (zum Beispiel im Fall von UNAMID[59]). Im Fall von UNAMID ging die Materialknappheit so weit, dass sich die Friedenstruppen zunächst teilweise durch blaue Plastiktüten (*scil*!) erkennen zu geben hatten.[60]

5. Mangelnde Beteiligung von Streitkräften gut ausgestatteter und ausgebildeter Armeen

Staaten mit einer gut ausgestatteten und ausgebildeten Armee waren nur in den seltensten Fällen bereit, einer militarisierten friedenserhaltenden Mission Truppen bereitzustellen. Das gilt für die ständigen Mitglieder des SR ebenso wie etwa für die europäischen Staaten. Dort, wo sich die USA (im Fall Somalia 1993 und im Fall Haiti 2004), Großbritannien (im Fall Sierra Leone ab 2000), Frankreich (im Fall der Elfenbeinküste ab 2004) oder die Europäische Union (im Fall der Demokratischen Republik Kongo 2003 und 2006) militärisch engagierten, waren diese Staaten hierzu nur unter eigenem Kommando im Rahmen von Quasi-Zwangsmaßnahmen bereit. Soweit militarisierte friedenserhaltende VN-Operationen Quasi-Zwangsmaßnahmen unter dem militärischen Kommando einer Militärmacht nachfolgten, waren die betreffenden Mächte zu einem *„re-hatting"* ihrer Streitkräfte zur Stärkung der nachfolgenden VN-Mission (anders als Australien im erwähnten Ausnahmefall Osttimors) nicht willens. Soweit Quasi-Zwangsmaßnahmen und militarisierte friedenserhaltende Operationen (teilweise) zeitlich parallel durchgeführt wurden, erwies sich die Zusammenar-

beit zwischen den jeweiligen Truppen als nicht unproblematisch. So zeigten sich die französischen Streitkräfte im Rahmen der *Opération Licorne* in der Elfenbeinküste im Wesentlichen an ihrem Schutz und jedenfalls für längere Zeit weniger an der Unterstützung von UNOCI interessiert.[61]

6. Problematische Abhängigkeit von Sicherheitskräften des Gebietsstaats

Die eigene militärische Schwäche brachte die jeweilige VN-Mission gelegentlich in eine problematische Abhängigkeit zu solchen Sicherheitskräften des jeweiligen Gebietsstaats, die für Menschenrechtsverletzungen bekannt waren und sich auch weiterhin entsprechende Rechtsverstöße zu Schulden kommen ließen. In einer solchen Lage befand sich etwa MONUC in den Jahren ab 2005 im Hinblick auf die ihrer Gewaltexzesse wegen berüchtigten (und vom SR auch entsprechend kritisierten) Streitkräfte der Demokratischen Republik Kongo (FARDC).[62] Ähnlich erging es MINUSTAH, als die Truppe seit 2004 „an der Seite" der *Haitian National Police* wiederholt einen Städtekampf mit erheblichen zivilen Verlusten führte.[63]

III. Militarisierte friedenserhaltende Operationen der VN und die drei „fundamental principles" friedenserhaltender Operationen

1. Die Praxis der Friedensmissionen

Aus dem Vorstehenden ist bereits deutlich geworden, dass sich die Praxis der Friedensmissionen bald nach *Dag Hammarskjölds* Formulierung von ihren drei *„fundamental principles"* in mehr oder weniger größerem Umfang gelöst hat.

Im Hinblick auf den Umfang des mandatierten Gewalteinsatzes ist die Abweichung am deutlichsten. Denn seit ONUC hat es – nach einem gewissen Rückschwung zum klassischen Modell unter Gene-

---

[57] *James Sloan*, The Militarisation of Peacekeeping in the Twenty-First Century, 2011, S. 169.

[58] *James Sloan*, The Militarisation of Peacekeeping in the Twenty-First Century, 2011, S. 262.

[59] *James Sloan*, The Militarisation of Peacekeeping in the Twenty-First Century, 2011, S. 269.

[60] *James Sloan*, The Militarisation of Peacekeeping in the Twenty-First Century, 2011, S. 274.

[61] *James Sloan*, The Militarisation of Peacekeeping in the Twenty-First Century, 2011, S. 234 f.

[62] *James Sloan*, The Militarisation of Peacekeeping in the Twenty-First Century, 2011, S. 203 ff.

[63] *James Sloan*, The Militarisation of Peacekeeping in the Twenty-First Century, 2011, S. 249 ff.

ralsekretär *Pérez de Cuéllar* in den Jahren 1987-1992[64] – zahlreiche nicht mehr auf die Selbstverteidigung der VN-Truppen begrenzte VN-Missionen gegeben.[65]

Zwiespältiger ist das Bild im Hinblick auf das Prinzip des *host state consent*. Auf der einen Seite war die Zustimmung des Gebietsstaats in den meisten Fällen von Völkerrechts wegen nicht erforderlich, weil sich der SR bei der Einrichtung der jeweiligen Mission und bei der Formulierung der Ermächtigung zum Gewalteinsatz auf Kapitel VII der SVN berief. Auf der anderen Seite war das Bemühen des SR, die VN-Mission im Einvernehmen mit dem jeweiligen Gebietsstaat tätig werden zu lassen, in den meisten Fällen unverkennbar, und dieses Bemühen fand häufig auch in der einen oder anderen Form seinen Niederschlag in der betreffenden Resolution selbst. Die Rücksichtnahme auf die Position des Gebietsstaats schränkte den Aktionsradius der jeweiligen Friedensmission in manchem Fall (MINURCAT[66] und insbesondere UNAMID[67]) erheblich ein. Keine Rolle spielte die Zustimmung des Gebietsstaats – in Ermangelung einer Regierung – allein im Fall von UNOSOM II. Zu Gewalteinsätzen *gegen* Regierungskräfte kam es vor allem im Fall der Elfenbeinküste, auch hier allerdings weniger durch die militarisierte friedenserhaltende Operation UNOCI als durch die zu deren Unterstützung berufenen französischen Streitkräfte im Rahmen der Quasi-Zwangsmaßnahme *Opération Licorne*.[68]

Sofern unter Unparteilichkeit der natürlichen Wortbedeutung entsprechend die Äquidistanz der VN-Truppen zu den Parteien eines (bewaffneten) Konflikts verstanden wird, so ist eine solche Unparteilichkeit in der Praxis nicht durchgängig durchgehalten worden. Stattdessen haben sich die VN-Truppen auch nach dem frühen Fall von ONUC

gelegentlich (UNAMSIL, MONUC, MONUSCO) dazu entschlossen, militärisch an der Seite des jeweiligen Gebietsstaats gegen Rebellen tätig zu werden. Auch in dem Fall der Elfenbeinküste sah sich UNOCI am Ende gezwungen, im innerstaatlichen Machtkampf zugunsten des (nach internationalem Urteil: legitim) gewählten Präsidenten Partei zu ergreifen. Der Fall von UNAMID zeigt schließlich das mögliche Spannungsverhältnis zwischen den Prinzipien des *host state consent* und der *impartiality*. Die politische Rücksichtnahme auf eine das Völkerrecht massiv verletzende Gebietsstaatsregierung schränkte den Handlungsspielraum der VN-Mission insoweit in durchaus parteilicher Weise ein.

2. Der (offizielle und quasi-offizielle) Sprachgebrauch

Der offizielle Sprachgebrauch innerhalb der VN ist nicht mehr leicht mit der eigenen Praxis in Einklang zu bringen. Insbesondere zeigte sich wiederholt der Versuch, die vorstehend zusammengefasste Abkehr der Praxis der VN-Friedensmissionen von den „*fundamental principles*" zu bemänteln.

a) ONUC (1964)

Die euphemistische Tendenz innerhalb der VN trat bereits bei der ersten militarisierten friedenserhaltenden VN-Operation ONUC zu Tage. Hier zeigte sich das Bemühen *Dag Hammarskjölds*, den Begriff der Selbstverteidigung bis zum Äußersten zu strapazieren, um das Eingeständnis zu vermeiden, dass ONUC's Gewalteinsatz (deutlich) hierüber hinausging. Ebenso zögerten die VN, öffentlich einzugestehen, dass ONUC mehr und mehr Partei gegen die sezessionistische Partei in einem Bürgerkrieg nahm.[69]

b) Agenda for Peace (1992)

Demgegenüber zeigte sich GS *Boutros-Ghali* in seiner *Agenda for Peace* 1992 bereit, die „*fundamental principles*" vorsichtig in Frage zu stellen. Zum einen wurde das Prinzip des *host state consent*

---

[64] *Mats Berdal*, The Security Council and Peacekeeping, in: Vaughan Lowe et al. (Hrsg.), The United Nations Security Council and War, 2010, S. 184 f.

[65] Für eine Gesamtübersicht über die friedenserhaltenden VN-Missionen, s. http://www.un.org/en/peacekeeping/operations/past.shtml; http://www.un.org/en/peacekeeping/operations/current.shtml.

[66] *James Sloan*, The Militarisation of Peacekeeping in the Twenty-First Century, 2011, S. 279 f.

[67] *James Sloan*, The Militarisation of Peacekeeping in the Twenty-First Century, 2011, S. 272 f.

[68] *James Sloan*, The Militarisation of Peacekeeping in the Twenty-First Century, 2011, S. 232 ff.

[69] *James Sloan*, The Militarisation of Peacekeeping in the Twenty-First Century, 2011, S. 32.

dadurch behutsam in Frage gestellt, dass durch den Zusatz „*hitherto*" die Möglichkeit zukünftiger Missionen angedeutet wurde, die diesem Prinzip nicht unterlägen.[70] Zum zweiten führte *Boutros-Ghali* das (unklare) Konzept des „*peace-enforcement*" ein.[71] Die Grenze zwischen „*peace-keeping*" und „*peace-enforcement*" bezeichnete er als durchlässig.[72]

c) SR-Praxis in der ersten Hälfte der 1990er Jahre

Die desaströse Praxis des SR unmittelbar nach der Erklärung der *Agenda for Peace* blieb indessen von dem Bestreben geprägt, die *sprachliche* Anbindung des jeweiligen Mandats an die Selbstverteidigung zu wahren. In der Folge blieb der genaue Umfang der Ermächtigung zum Gewalteinsatz in SR-Resolution 918 zu UNAMIR II im Dunkeln und bei SR-Resolution 836 zu UNPOFOR bewegte sich der SR wie gesehen hart an der Grenze zur Selbstwidersprüchlichkeit. Bezeichnend für das seinerzeitige Lavieren der VN war auch deren Praxis im Zusammenhang mit UNMIH. SR-Resolution 940 betraute UNMIH mit Aufgaben, die uneingeschränkt wirksam nur mit Gewalt jenseits von Selbstverteidigung hätten erfüllt werden können.[73] Doch verzichtete der SR gleichzeitig darauf, UNMIH mit einem auf Kapitel VII der SVN gestützten Mandat zum Gewalteinsatz zu versehen. Nichtsdestotrotz hielt der Generalsekretär UNMIH zum Einsatz von Gewalt ermächtigt, um „*forcible attempts to impede the discharge of the Mission's mandate*" begegnen zu können. Solcherart Gewalt bezeichnete der Generalsekretär dann wieder als „Selbstverteidigung", was auf den sprachlich überaus angestrengten Versuch hinauslief, die „Verteidigung des Mandats" der Selbstverteidigung gleichzustellen.[74]

d) Supplement to an Agenda for Peace (1995)

In seinem 1995 veröffentlichten *Supplement to an Agenda for Peace* reagierte *Boutros-Ghali* auf die jüngste Praxis der VN-Friedensmissionen mit einer Selbstkorrektur. Das Prinzip des *host state consent* zum *peace-keeping* wird nun wieder kategorisch formuliert und zugleich werden „*peace-keeping*" und „*enforcement*" nun wieder begrifflich klar voneinander getrennt. In der Theorie des GS von 1995 unterlagen VN-Friedensmissionen nunmehr also wieder rigoros den drei „*fundamental principles*".[75] Wie wir gesehen haben, ist die nachfolgende Praxis des SR dieser Theorie nicht gefolgt. Stattdessen sind die hier so genannten militarisierten friedenserhaltenden VN-Missionen verbreitet geblieben. Der Sprachgebrauch des VN-Sekretariats ist mit dieser Praxis bis heute nicht recht in Einklang zu bringen.

e) „Brahimi-Bericht" (2000)

Freilich spricht sich der vom GS in Auftrag gegebene „Brahimi-Bericht" (2000) für eine Annäherung der Sprache an die Wirklichkeit aus. Zwar heißt es zunächst:

> „The Panel concurs that consent of the local parties, impartiality and the use of force only in self-defence should remain the bedrock principles of peacekeeping."[76]

Doch dann erfolgen deutliche Relativierungen in der Sache. Der Selbstverteidigung wird die „Verteidigung des Mandats" an die Seite gestellt, die bei Bedarf Gewalt in dem folgenden Umfang einschließen soll:

> „Rules of engagement should not limit contingents to stroke-for-stroke responses but should allow ripostes sufficient to silence a source of deadly fire that is directed at United Nations troops or at the people they are charged to protect and, in particularly dangerous situations, should not force United Nations contingents to cede the initiative to their attackers."[77]

Auch bei dem Prinzip der Unparteilichkeit wird in der Sache eine Neuausrichtung gefordert, ohne den Sprachgebrauch ändern zu wollen. Dabei geht man bis an die Grenze der Sprachwidrigkeit. So wird aus dem Prinzip der Unparteilichkeit im „Brahimi-Bericht" kurzerhand die „Befolgung der Prin-

---

[70] UN Doc. A/47/277-S/24111, 17.6.1992, Nr. 20.

[71] Zu den Nachwirkungen dieser Begriffsbildung im gegenwärtigen Schrifttum s. den Nachw. oben in Fn. 29.

[72] UN Doc. A/47/277-S/24111, 17.6.1992, Nr. 45.

[73] S/RES/940, 31.7.1994, Abs. 9

[74] *James Sloan*, The Militarisation of Peacekeeping in the Twenty-First Century, 2011, S. 153.

[75] UN Doc. A/50/60-S/1995/1, 3.1.1995, Nr. 33-35.

[76] UN Doc. A/55/305 - S/2000/809, Nr. 48.

[77] UN Doc. A/55/305 - S/2000/809, Nr. 49.

zipien der SVN". Die maßgebliche Passage des Berichts lautet wie folgt:

> „Impartiality for United Nations operations must therefore mean adherence to the principles of the Charter and to the objectives of a mandate that is rooted in those Charter principles. Such impartiality is not the same as neutrality or equal treatment of all parties in all cases for all the time, which can amount to a policy of appeasement. In some cases, local parties consist not of moral equals but of obvious aggressors and victims, and peacekeepers may not only be operationally justified in using force but morally compelled to do so."[78]

f) „Capstone-Principles" (2008)

2008 knüpfte das von den *Departments of Peacekeeping Operations* (DPKO) bzw. of *Field Support* (DFS) erarbeitete Dokument „*United Nations Peacekeeping Operations – Principles and Guidelines*" (Capstone-Principles) an den „Brahimi-Bericht" an. In dem Text heißt es, die drei „*fundamental principles*" hätten die bisherige Praxis der VN-Friedensmissionen trotz deren Weiterentwicklung in der Praxis angeleitet und an diesen Prinzipien sei auch in der Zukunft festzuhalten.[79] Das Prinzip des *host state consent* wird dahingehend verstanden, VN-Friedensmissionen seien „*with the consent of the main parties to the conflict*" einzurichten.[80] Im Folgenden wird darauf hingewiesen, dass es insbesondere in Fällen einer unter politischem Druck abgegebenen Zustimmung *de facto* zum Entzug dieser Zustimmung durch eine der beteiligten Parteien kommen könne. Eine solche Entwicklung berühre die betreffende Mission in ihrem Kern. Ob dies zum Abbruch der Mission führen soll, wird von den Verfassern offen gelassen.[81] Im Hinblick auf das Prinzip der Unparteilichkeit folgt das Dokument der Neuinterpretation im „Brahimi-Bericht". Denn die „*even-handedness*" der Mission solle nicht zu einer „*excuse for inaction*" werden. Stattdessen sollten „*infractions*" welcher Partei auch immer von der Mission sanktioniert werden.[82] Zum Prinzip des „*non-use of force except in self-defense*" wird – wiederum im Anschluss an den „Brahimi-Bericht" – festgestellt, dieses Prinzip werde in der Praxis inzwischen unter Einschluss der „*defense of the mandate*" verstanden. Damit erhalte das *peace-keeping* einen robusten Zug, es werde hierdurch aber nicht zum „*enforcement*", weil der Gewalteinsatz auf dem „*tactical level*" begrenzt bleibe, wohingegen es im Rahmen des „*enforcement*" zur Anwendung von Gewalt auf dem „*strategic and international level*" kommen könne.[83]

g) New Horizon Initiative (2009-2011)

2009 veröffentlichten DPKO und DFS das Dokument „*A New Partnership Agenda – Charting a New Horizon for UN Peacekeeping*". In diesem Dokument werden die drei „*fundamental principles*" als „*the foundations of UN peacekeeping*" bezeichnet. Zugleich wird das „*concept of ‚robustness'*" gemäß dem „Brahimi-Bericht" bestätigt; es wird (nun) in den drei Leitprinzipien als verwurzelt angesehen. Dessen ungeachtet wird anerkannt, dass „*questions remain as to what robust peacekeeping means in practice*". Hierzu wird in Anlehnung an die entsprechende Formulierung im Dokument von 2008 angemerkt, dass „*at the tactical level, a robust approach means that contingents may be required to use force in defence of the mandate*". Ein solcher Gewalteinsatz, so wird weiter ausgeführt, „*requires the support of host authorities*".[84]

Der „*2010 Progress Report Nr. 1*" zu der New Horizon Initiative bringt inhaltlich und sprachlich nichts Neues zum „*robust peacekeeping*". Berichtet wird lediglich von dem Wunsch der Mitglieder der VN, den Dialog hierzu fortzuführen, unter Einschluss der Frage der

> „requirements for peacekeepers to be able to deter through their posture and actions threat to mandate

---

[78] UN Doc. A/55/305 - S/2000/809, Nr. 50.

[79] United Nations Peacekeeping Operations – Principles and Guidelines, 2008, S. 31.

[80] United Nations Peacekeeping Operations – Principles and Guidelines, 2008, S. 31.

[81] United Nations Peacekeeping Operations – Principles and Guidelines, 2008, S. 32.

[82] United Nations Peacekeeping Operations – Principles and Guidelines, 2008, S. 33.

[83] United Nations Peacekeeping Operations – Principles and Guidelines, 2008, S. 34.

[84] A New Partnership Agenda – Charting a New Horizon for UN Peacekeeping, 2009, S. 21.

implementation, the safety and security of personnel, and the overall peace process".[85]

Der „*2011 Progress Report Nr. 2*" spricht statt von „*robust*" von „*effective*" *peacekeeping*, ohne dass man den Eindruck gewinnt, hiermit sei eine inhaltliche Neuausrichtung intendiert.[86]

h)   Zusammenfassende Betrachtung

Zusammenfassend lässt sich sagen, dass die VN in ihrem offiziellen Sprachgebrauch an der Geltung der drei „*fundamental principles*" für VN-Friedensmissionen festhalten. Die Realität der militarisierten friedenserhaltenden VN-Missionen wird in den Begriff des „*robust peacekeeping*" (bzw. neuerdings des „*effective peacekeeping*") gekleidet, von dem in den jüngsten Stellungnahmen behauptet wird, er sei mit den drei „*fundamental principles*" nicht nur vereinbar, sondern sogar hierin „verwurzelt". Diese Behauptung wird durch die Neuinterpretation zweier der drei „*fundamental principles*" gestützt. Das Prinzip der Unparteilichkeit wird seit dem „Brahimi-Bericht" in nur noch loser Anbindung an den natürlichen Wortsinn als das Prinzip der Bereitschaft zur „Sanktionierung von Regelverstößen gegenüber allen Beteiligten" verstanden. Das Prinzip des „*non use of force except in self-defense*" wird zur Integration des Konzepts des „*robust peacekeeping*" auf die „*defense of the mandate*" erstreckt. Allein das Prinzip des „*host state consent*" wird im Wesentlichen in seiner ursprünglichen Form hochgehalten, mit dem Zusatz, es erfordere (lediglich) die Zustimmung der „*main parties to the conflict* (Hervorh. des Verf.)".

Der offizielle VN-Sprachgebrauch zu der Praxis militarisierter friedenserhaltender Missionen trägt hiernach stark euphemistische Züge. Das neue Verständnis von „Unparteilichkeit" schließt die Möglichkeit einer tatsächlichen Parteinahme in einem bewaffneten Konflikt dann ein, wenn eine Konfliktpartei als „*spoiler*" identifiziert worden ist. Diese Möglichkeit wird jedoch bestenfalls sehr behutsam angedeutet. Auch bleibt das Spannungsverhältnis unausgesprochen, das zwischen dem Prinzip der Unparteilichkeit in seiner modernen

Deutung und dem Festhalten am Prinzip des *host state consent* für den Fall besteht, in dem sich eben dieser *host state* auch oder sogar primär als „*spoiler*" erweist. Die Praxis von UNAMID liefert reiches Anschauungsmaterial für eine solche Konstellation. Besonders deutlich treten die „beschwichtigenden" Züge des offiziellen Sprachgebrauchs im Hinblick auf das Prinzip der „Gewaltfreiheit mit Ausnahme der Selbstverteidigung" hervor. Da dieser Grundsatz, bleibt man bei dessen natürlichem Bedeutungsgehalt, ein militarisiertes (oder „robustes") *peacekeeping* ausschlösse, wird „Selbstverteidigung" kurzerhand unter Einschluss der „Verteidigung des Mandats" verstanden. Dass der wirkungsvolle Gewalteinsatz zur Verteidigung des Mandats, wie die Praxis zeigt, eben sehr deutlich über die Selbstverteidigung hinausgehen muss, wenn das Mandat entsprechend weit formuliert ist, wird in den dem „Brahimi-Bericht" nachfolgenden Dokumenten bestenfalls behutsam angedeutet. Stattdessen wird behauptet, auch das „robuste" *peacekeeping* sei streng vom „*enforcement*" zu unterscheiden. Der Unterschied wird offenbar darin gesehen, dass der Einsatz von Gewalt beim „robusten" *peacekeeping* auf die „taktische Ebene" beschränkt bleibe, womit offenbar räumliche und zeitliche Begrenzungen gemeint sind. Unausgesprochen bleibt dabei, dass es auch bei der Praxis der vom SR autorisierten „Quasi-Zwangsmaßnahmen" unter staatlichem Kommando typischerweise um räumlich und zeitlich begrenzte Gewaltanwendung geht. Unausgesprochen bleibt weiter, dass sich die Unterscheidung zwischen einem „taktischen" Gewalteinsatz (dann „robustes" *peacekeeping*) und einem „strategischen" Gewalteinsatz (dann „*enforcement*") nicht trennscharf durchführen lässt. Entscheidend ist in der Praxis vielmehr allein das vom SR formulierte Mandat.

Es entspricht diplomatischen Gepflogenheiten, an einem einmal konsentierten Sprachgebrauch möglichst lange festzuhalten. Hinzu kommt in unserem Zusammenhang vermutlich das politische Bestreben, mögliche Truppensteller nicht dadurch abzuschrecken, dass die Militarisierung des heutigen *peacekeeping* deutlich als solche bezeichnet wird. Beide Gesichtspunkte rechtfertigen den offiziellen VN-Sprachgebrauch indessen nicht länger, weil die Kluft zur Praxis zu groß geworden ist. Die deutsche Politik hat im Zuge der deutschen Beteiligung an der *International Stabilisation Force* (ISAF) in Afghanistan (in rechtlicher Hinsicht handelt es sich

---

[85] The New Horizon Initiative: Progress Report Nr. 1, 2010, S. 15.
[86] The New Horizon Initiative: Progress Report Nr. 2, 2011, S. 12.

wie gesehen um eine vom SR autorisierte Quasi-Zwangsmaßnahme) die Erfahrung machen müssen, dass ein beschwichtigender und damit letztlich unehrlicher Sprachgebrauch auf Dauer nicht trägt, weil am Ende unweigerlich das unsanfte Erwachen in der Wirklichkeit (in diesem Fall: der deutschen Beteiligung an einem nicht-internationalen bewaffneten Konflikt) steht. Dieselbe Gefahr besteht nach dem Gesagten prinzipiell auch bei den so genannten „robusten" friedenserhaltenden Maßnahmen. Am Ende deutet der stark euphemistische Zug des offiziellen VN-Sprachgebrauchs auf die Möglichkeit hin, dass die politische Bereitschaft zu einem wirksamen militarisierten *peacekeeping* unter den Mitgliedstaaten (noch) nicht hinreichend ausgeprägt sein könnte.

IV. Die Reformbemühungen innerhalb der VN („Brahimi-Bericht"; The New Horizon Initiative)

1. Der „Brahimi-Bericht" (2000)

Der „Brahimi-Bericht" lieferte eine schnörkellose Bestandsaufnahme der Schwierigkeiten der Praxis der friedenserhaltenden VN-Missionen der 1990er Jahre, die in dem Satz gipfelte, dass

> „no failure did more to damage to the standing and credibility of United Nations peacekeeping in the 1990s than its reluctance to distinguish victim from aggressor."[87]

Der Bericht spricht sich zwar dafür aus, beim Einsatz und bei der Mandatierung von friedenserhaltenden Operationen in der Zukunft sorgfältiger auszuwählen[88], zugleich geht er aber davon aus, dass es eine Rückkehr zum ausschließlich klassischen *peacekeeping* nicht geben wird. Auch befürwortet er eine solche „Demilitarisierung" von VN-Missionen nicht. Stattdessen unterbreitet der Bericht eine Fülle von Vorschlägen zur Verbesserung militarisierter friedenserhaltender Operationen. Die Vorschläge betreffen die Praxis des Sicherheitsrats, die Haltung der VN-Mitgliedstaaten, und (vor dem Hintergrund der Tatsache, dass der GS den Bericht in Auftrag gegeben hatte) insbesondere die Praxis

des VN-Sekretariats. Im Folgenden seien einige Kernforderungen des Berichts in Erinnerung gerufen.

a) Mitgliedstaaten

Der Bericht unterstreicht eingangs, dass keine konkrete Reform innerhalb der VN zum durchgreifenden Erfolg führen werde,

> „unless Member States summon the political will to support the United Nations politically, financially and operationally."[89]

Konkret werden die Mitgliedstaaten aufgefordert, die für ein „robustes" *peacekeeping* erforderlichen Truppen rechtzeitig zur Verfügung zu stellen.

b) Sicherheitsrat

Der Bericht fordert den SR (und zugleich die betroffenen Mitgliedstaaten) eindringlich dazu auf, die politische Bereitschaft zum „robusten" *peacekeeping* aufzubringen, soweit die Lage dies erfordert:

> „[W]hen the United Nations does send its forces to uphold the peace, they must be prepared to confront the lingering forces of war and violence, with the ability and determination to defeat them."[90]

Hierzu müsse der SR die VN-Truppen ausdrücklich zum Gewalteinsatz ermächtigen, und das Mandat müsse es zulassen, hinreichend robuste *Rules of Engagement* zu formulieren, um die VN-Truppen nicht dazu zu zwingen, den Friedensstörern die Initiative zu überlassen.[91] Das bedeute für die Zukunft die Bereitschaft zu einer Aufstellung von *„bigger forces, better equipped and more costly, but able to be a credible deterrent."*[92] Dieser Punkt wird für die Aufgabe des Schutzes von Zivilisten wie folgt spezifiziert:

> „United peacekeepers – troops or police – who witness violence against civilians should be presumed to be authorized to stop it, within their means, in support of basic United Nations principles. However, operations given a broad and explicit mandate

---

[87] UN Doc. A/55/305 - S/2000/809, S. ix.
[88] UN Doc. A/55/305 - S/2000/809, S. viii.

[89] UN Doc. A/55/305 - S/2000/809, S. viii.
[90] UN Doc. A/55/305 - S/2000/809, S. viii.
[91] UN Doc. A/55/305 - S/2000/809, S. viii.
[92] UN Doc. A/55/305 - S/2000/809, S. x.

for civilian protection must be given the specific resources needed to carry out the mandate."[93]

Wie ernst es dem Bericht um die Gewährleistung eines rechten Verhältnisses von Aufgaben und Mitteln ist, zeigt sich an der Forderung, der SR möge seine die jeweilige VN-Mission zum Einsatz ermächtigende Resolution stets solange in Entwurfsform lassen, bis der GS dem Rat signalisiere, dass die erforderlichen Truppen zur Verfügung stehen.[94]

c) VN-Sekretariat

Das Sekretariat wird aufgefordert, den SR akkurat und vor allem realistisch über die bei einer erwogenen VN-Mission zu erwartenden Risiken zu unterrichten, also keine „*best-case planning assumptions*" zugrunde zu legen.[95]

Zur Gewährleistung einer raschen Truppenaufstellung sei das *stand-by arrangements system* (UNSAS) dahin weiter zu entwickeln, dass es „*several coherent, multinational, brigade-sized forces*" enthalte. Auch eine Liste von zur Führung entsprechender VN-Missionen geeigneter Sonderbeauftragter und sonstiger Führungspersönlichkeiten sei in Zusammenarbeit mit den Mitgliedstaaten zu erstellen, um zukünftig schneller reagieren zu können.[96]

Das Sekretariat solle in der Zukunft nur noch solche Truppenkontingente zur Verwendung in einer VN-Mission akzeptieren, die den Trainings- und Ausrüstungsanforderungen der VN entsprechen.[97]

Sodann werden umfängliche Vorschläge zur Verbesserung der internen Organisation im „VN-Hauptquartier" vorgelegt.[98]

2. Die Wirkung des „Brahimi-Berichts"

Der „Brahimi-Bericht" gilt seither als weithin unbestrittener Referenztext; er ist – soweit ersichtlich – in keiner der nachfolgenden VN-Dokumente zum Thema in einer zentralen Aussage in Frage gestellt worden. Darüber hinaus hat der Bericht die Praxis des Sekretariats gegenüber dem SR spürbar

beeinflusst und in einem Umfang zu Reformen innerhalb des Sekretariats geführt, der manchen auswärtigen Beobachter positiv überrascht hat.[99] Letztere Reformen betreffen die Einrichtung eines *Department for Field Services* neben dem *Department for Peacekeeping Operations* sowie Maßnahmen zur Verbesserung der internen Voraussetzungen für eine rasche Truppenaufstellung und -ausrüstung.

Allerdings haben diese ersten Reformanstrengungen nicht dazu geführt, dass die zentralen Probleme der VN-Friedensmissionen inzwischen als gelöst angesehen werden könnten. Stattdessen haben die politisch wie militärisch besonders anspruchsvollen VN-Missionen der 2000er Jahre (verwiesen sei lediglich auf MONUC/MONUSCO und UNAMID) deutlich gemacht, in welchem Umfang Schwierigkeiten fortbestehen. Diese gehen sicher sehr wesentlich auf den mangelnden politischen Willen der Mitgliedstaaten zurück, das Sekretariat auf dem Reformweg insbesondere durch die rechtzeitige Zurverfügungstellung hinreichend starker Truppenkontingente und militärischer Infrastruktur zu unterstützen. Zugleich ist der SR dem Vorschlag des Berichts, den Einsatz einer VN-Mission endgültig erst dann zu beschließen, wenn die vom Generalsekretär in diesem Zusammenhang bezeichnete Truppenstärke gewährleistet ist, bislang nicht gefolgt. Bemerkenswert ist in diesem Zusammenhang die Praxis zu MINURCAT. Hier schlug der GS dem SR im September 2008 das folgende Vorgehen vor:

> „In order to achieve the required effect, the force should be led by high-quality commanders and provided the necessary capabilities, selected by the United Nations. In this regard, and in accordance with the Brahimi report (S/2000/809), it would be recommended that the Security Council consider leaving in draft from the resolution authorizing the deployment of the force until such time as the Secretariat has firm commitments of troops and other critical mission support elements from Member States"[100]

Der SR ignorierte diese Empfehlung und beschloss am 28. September 2008, MINURCAT zu militarisieren, so dass diese Mission am 15. März

---

[93] UN Doc. A/55/305 - S/2000/809, S. x.
[94] UN Doc. A/55/305 - S/2000/809, S. x.
[95] UN Doc. A/55/305 - S/2000/809, S. x.
[96] UN Doc. A/55/305 - S/2000/809, S. xi.
[97] UN Doc. A/55/305 - S/2000/809, S. xi.
[98] UN Doc. A/55/305 - S/2000/809, S. xi ff.

[99] *Mats Berdal*, The Security Council and Peacekeeping, in: Vaughan Lowe et al. (Hrsg.), The United Nations Security Council and War, 2010, S. 199.
[100] UN Doc. S/2008/601, 12.9.2008, 74.

2009 die Nachfolge von EUFOR Chad/CAR würde antreten können. Gegen Ende des Jahres 2009 waren noch keine 3.000 der 5.200 vom SR in Aussicht genommenen MINURCAT-Truppen vor Ort.[101]

Schließlich zeigt die SR-Praxis im Fall Darfur/UNAMID, dass auch für die Zukunft nicht auszuschließen ist, dass der Rat, um handlungsfähig zu erscheinen, VN-Missionen unter ungünstigsten politischen Rahmenbedingungen zum Einsatz bringt, statt eine kraftvolle Quasi-Zwangsmaßnahme zu beschließen.

3. The New Horizon Initiative

a) *Bestandsaufnahme*

Vor diesem Hintergrund stellten die *Departments of Peacekeeping Operations and of Field Support* in ihrem Dokument „*A New Partnership Agenda – Charting a New Horizon for UN Peacekeeping*" 2009 Folgendes fest:

> "The landmark Brahimi report of 2000 charted a renewed vision for UN peacekeeping that helped make peacekeeping stronger, more effective and comparatively cost-efficient. These reforms enable a five-fold growth in operations over the past decade. But United Nations peacekeeping is now at a crossroads. The scale and complexity of peacekeeping today are straining its personnel, administrative and support machinery."[102]

Die beiden Abteilungen des Sekretariats erkennen ausdrücklich an, dass sich die Herausforderungen seit der Veröffentlichung des „Brahimi-Berichts" nicht grundlegend verändert hätten. Insbesondere würden VN-Friedensmissionen unverändert in Gebiete entsandt, in denen bestenfalls ein hochvolatiler Friede gepaart mit ständigen Gewaltdrohungen herrsche bzw. in denen ein bewaffneter Konflikt andauere.[103] Möglicherweise um eine Nuance stärker hervorgehoben wird gegenüber dem „Brahimi-Bericht" die Bedeutung eines von den VN-Friedenstruppen im Rahmen einer „multidimensionalen" Mission zu leistenden „*early peace-*

building". Dieses umfasse im Wesentlichen gewisse Beiträge zur Verbesserung der allgemeinen Sicherheitslage (unter Einschluss insbesondere von Entminung, Entwaffnung, Demobilisierung und Reintegration von Kämpfern, Reform des staatlichen Sicherheitsbereichs), zur Ingangsetzung von politischen Prozessen (Wahlen, inklusive politischer Dialoge), zur Bereitstellung einer staatlichen Grundversorgung (Wasser, Gesundheit, Erziehung), zur Wiederherstellung staatlicher Basisfunktionen und zur Wiederbelebung der Wirtschaft.[104]

Um diesen Herausforderungen gerecht werden zu können, bestehe dringender Handlungsbedarf:

> „[T]he scale and complexity of peacekeeping today are mismatched with existing capabilities. The demands of the past decade have exposed the limitations of past reforms and the basic systems, structures and tools of an organization not designed for the size, tempo and tasks of today's missions."[105]

b) *Reformvorschlag einer „neuen Partnerschaft"*

Die *New Horizon Initiative* des Sekretariats schlägt eine „neue Partnerschaft" zwischen Mitgliedstaaten, Sicherheitsrat und Generalsekretariat vor, um die Rahmenbedingungen für friedenserhaltende VN-Missionen zu verbessern. Kernziel dieser drei Hauptakteure des *peacekeeping* müsse es sein, in der Zukunft sowohl bei der Formulierung allgemeiner Leitlinien für VN-Friedensmissionen (zur Überwindung des bisherigen *ad hoc*-Prinzips) als auch bei der Durchführung einzelner Missionen in engerer wechselseitiger Abstimmung als bisher vorzugehen. Die vier wesentlichen Reformfelder seien das „*Policy Development*" (Klärung von Aufgaben und Befugnissen von VN-Friedensmissionen), das „*Capability Development*" (Verbreiterung der Truppenstellerbasis, langfristige Behebung von Infrastrukturlücken, Training), die „*Global Field Support Strategy*" und „*Planning and Oversight*" (stärkere Beteiligung von Truppenstellerstaaten beim Planen von VN-Missionen, bessere fortlaufende Unterrichtung von Truppenstellerstaaten und SR durch das Sekretariat, Schärfung der

---

[101] *James Sloan*, The Militarisation of Peacekeeping in the Twenty-First Century, 2011, S. 277.

[102] A New Partnership Agenda – Charting a New Horizon for UN Peacekeeping, 2009, S. ii.

[103] A New Partnership Agenda – Charting a New Horizon for UN Peacekeeping, 2009, S. 5.

[104] A New Partnership Agenda – Charting a New Horizon for UN Peacekeeping, 2009, S. 23.

[105] A New Partnership Agenda – Charting a New Horizon for UN Peacekeeping, 2009, S. ii.

Verantwortlichkeiten des Führungspersonals der Missionen).[106]

c) *Aktueller Stand der Reformbemühungen*

In dem jüngsten mir zugänglichen Papier „*The New Horizon Initiative: Progress Report Nr. 2*" vom Dezember 2011 geben die beiden Abteilungen des Sekretariats einen Überblick über den Stand der Reformbemühungen auf den vier wesentlichen Reformfeldern, die als „*comprehensive reform agenda*" begriffen werden. Im Folgenden sei der Stand der Dinge, so wie er sich aus der Sicht des Sekretariats darstellt, in dem für den Zweck dieser Stellungnahme besonders interessierenden Bereich des „*Policy Development*" etwas näher dargestellt. Danach seien die Entwicklungen im Übrigen grob zusammengefasst.

aa) *Policy Development*

Die Tendenz hin zu einer Integration von Aufgaben des „*early peacebuilding*" in eine friedenserhaltende Operation hat sich – offenbar mit Zustimmung des SR und der Mitgliedstaaten – verfestigt. Dabei soll von einem *konsekutiven* Verhältnis zwischen „*peacekeeping* i.e.S." und „*early peacebuilding*" möglichst abgegangen werden. Ein besonderes Augenmerk galt zuletzt der Möglichkeit von friedenserhaltenden Missionen, einen positiven Beitrag zur wirtschaftlichen Entwicklung im Gastgeberstaat zu leisten. Ein weiterer Schwerpunkt der laufenden Konsultationen liegt bei der Optimierung der Übergabe der Aufgabe des *peacebuilding* in die Hände einer anders gearteten VN-Präsenz und/oder anderer Partner des Gebietsstaats.[107]

Die Diskussion über den präzisen Gehalt des Konzepts des „robusten" *peacekeeping* hat soweit ersichtlich noch zu keinem konkreten Ergebnis geführt. Insbesondere dauern die Konsultationen zu einer vom Generalsekretariat seit Längerem geplanten Leitlinie zu „*deterrence*", „*use of force*" und „*operational readiness*" noch an.[108]

Speziell zu der Aufgabe des Schutzes von Zivilisten vor der gegenwärtigen Bedrohung mit physischer Gewaltanwendung legte das Generalsekretariat den Mitgliedstaaten Anfang 2011 ein „*Strategic framework for Drafting Comprehensive Protection of Civilians (POC). Strategies in UN Peacekeeping Operations*"[109] vor, dass vom *Special Committee on Peacekeeping Operations* zustimmend zur Kenntnis genommen worden ist, und auf dessen Grundlage fortan jeden mit einem Mandat zum Schutz von Zivilisten versehene friedenserhaltende VN-Mission unter Berücksichtigung der Sicherheitsbelange der lokalen Bevölkerung eine hierauf bezogene Strategie entwickeln und fortlaufend überprüfen soll. Die Reflexion über eine allgemeine Leitlinie bzw. missionsbezogene Konzepte wird begleitet von Anstrengungen, Trainingsmodule speziell für die Aufgabe des Schutzes von Zivilisten zu entwerfen und den zur Wahrnehmung dieser Aufgabe erforderlichen Bedarf genauer zu kennzeichnen. Schließlich ist im Sekretariat die Position eines *Protection of Civilians Coordination Officer* eingerichtet worden.[110]

bb) *Die Entwicklungen im Übrigen in Kürze*

Im Bereich „*Capability Development*" ist das Sekretariat in Abstimmung mit den Mitgliedstaaten darum bemüht, Mindestanforderungen für friedenserhaltende Operationen im Bereich „*infantry battalions*", „*staff officers*" und „*military medical support*" festzulegen. Als besonders dringlich werden in dem jüngsten Papier die Anstrengungen eingestuft, die Truppenstellerbasis zu verbreitern und Ausstattungsmängel (wie etwa im Bereich der Hubschrauber) zu beheben. Hierzu wird weiterhin auch an „*capability gap lists*" gearbeitet. Durchgreifende Erfolge im militärischen Bereich des „*Capability Development*" finden sich in dem jüngsten Fortschrittsbericht nicht vermerkt. Demgegenüber deuten sich Verbesserungen im Bereich des zivilen „*Capability Development*" an, darunter die Einrichtung einer „*Justice and Corrections Standing Capacity*" und die Entsendung von „*civilian justice experts*" in Gebietsstaaten, die Mitgliedstaaten zu diesem Zweck an die VN abgeord-

---

[106] The New Horizon Initiative: Progress Report Nr. 1, 2010, S. 9.

[107] The New Horizon Initiative: Progress Report Nr. 2, 2011, S. 9-11.

[108] The New Horizon Initiative: Progress Report Nr. 2, 2011, S. 12.

[109] Soweit ersichtlich nicht veröffentlicht; der Text liegt dem Verf. vor.

[110] The New Horizon Initiative: Progress Report Nr. 2, 2011, S. 7

net haben. Auch verzeichnet der Bericht intensive Bemühungen um die Verbesserung der Ausbildung des Missionspersonals.[111]

Deutlich vorangeschritten sind offenbar die Arbeiten an der *Global Field Support Strategy*[112], die die Qualität, die Effizienz und die Verantwortlichkeit im Bereich der Logistik verbessern soll.[113]

Schließlich hat sich im Bereich „*Planning and Oversight*" der Informationsfluss vom Sekretariat hin zu den Mitgliedstaaten – auch als Grundlage für eine Intensivierung der Konsultationen im Dreiecksverhältnis SR-Truppenstellerstaaten-Sekretariat – nach den Angaben des Sekretariats verbessert. Darüber hinaus seien weitere Maßnahmen zur Schärfung der Verantwortlichkeit des Führungspersonals von VN-Missionen getroffen worden, darunter die weitere Präzisierung der Vereinbarungen zwischen dem zuständigen Untergeneralsekretär und allen Leitern der Missionen und die Bewertung des „*command and control framework*", um ggf. Änderungen beim Risikomanagement und bei der Delegation von Befehlsgewalt vornehmen zu können.[114]

4. Bewertung

Das inklusive Verfahren, das das Sekretariat mit der *New Horizon Initiative* gewählt hat, um die (im „Brahimi Bericht" und in der *New Horizon Initiative* im Wesentlich zutreffend aufgezeigten) Herausforderungen anzugehen, ist richtig. Es könnte allerdings noch daran gedacht werden, auch ein Verfahren der *systematischen Bewertung* von friedenserhaltenden Operationen zu entwickeln. Es könnte sich empfehlen, neben den truppenstellenden Staaten auch die Hauptbeitragszahler an diesem Verfahren zu beteiligen.

Die Lösungsvorschläge auf den Ebenen „*capability development*", „*global field support strategy*" und „*planning and oversight*" weisen in die richtige Richtung, wobei es von außen natürlich schwierig

ist, zu beurteilen, wie weit man bei der Umsetzung bereits tatsächlich vorangekommen ist.

Freilich bleiben nach der Lektüre der *New Horizon*-Dokumente Zweifel, ob sich bei den Mitgliedstaaten inzwischen ein festerer politischer Wille gebildet hat, zum Erfolg militarisierter friedenserhaltender Missionen beizutragen.

Schließlich, und das ist besonders wichtig, bleiben auf der konzeptionell-politischen Ebene des „*policy development*" einstweilen Fragen unbeantwortet. Diesen gelten die nachfolgenden Betrachtungen.

V. Überlegungen zu Fragen des Policy Development

1. Quasi-Zwangsmaßnahmen vs. militarisierte friedenserhaltende Maßnahmen

James Sloan schlägt im Ergebnis seiner kritischen Studie zu der „*Militarisation of Peacekeeping in the Twenty-First Century*" vor, die Praxis der friedenserhaltenden Missionen zu demilitarisieren und in der Folge auf das klassische Verständnis *Dag Hammarskjölds* zurückzuführen. Sofern eine den internationalen Frieden i.S.v. Art. 39 SVN bedrohende Situation den Einsatz von militärischer Gewalt erfordere, der über die Selbstverteidigung hinausgehe, sollte das militärische Kommando zur Abwehr der entsprechenden Friedensbedrohung Staaten im Rahmen einer Quasi-Zwangsnahme übertragen werden.[115] Für diese Forderung lassen sich nach den bisherigen Ausführungen beachtliche Argumente anführen. Das gewichtigste Argument dürfte sein, dass Staaten bzw. Staatenbündnisse mit hoch entwickelten Streitkräften genuin militärische Herausforderungen aller Anstrengungen des Sekretariats zum Trotz typischerweise wirksamer meistern werden, als eine militarisierte VN-Mission. An dieser Stelle sei nochmals auf die Erfahrung mit dem erfolgreichen australischen Engagement in Osttimor verwiesen. Eine Rückkehr zum klassischen *peacekeeping* hätte zudem den Vorteil, dass sich „*enforcement*" und „*peacekeeping*" wieder

---

[111] The New Horizon Initiative: Progress Report Nr. 2, 2011, S. 17-19.

[112] Hierzu einführend UN Doc. A/64/633, 26.1.2010.

[113] The New Horizon Initiative: Progress Report Nr. 2, 2011, S. 20-23.

[114] The New Horizon Initiative: Progress Report Nr. 2, 2011, S. 24-26.

---

[115] *James Sloan*, The Militarisation of Peacekeeping in the Twenty-First Century, 2011, S. 294 f.

sauber voneinander trennen ließen, was einen Gewinn an Rechtsklarheit brächte.

Dennoch ist der Forderung, das „Rad radikal zurückzudrehen", nicht beizutreten. Auch wenn die feste völkerrechtspolitische Entscheidung des SR, keine militarisierten friedenserhaltenden Operationen mehr zu beschließen, den politischen Druck auf Staaten und Staatenbündnisse sicher erhöhen würde, sich im Rahmen einer Quasi-Zwangsmaßnahme militärisch zu engagieren, so bliebe doch die akute Gefahr bestehen, dass die Staatengemeinschaft in bestimmten hochvolatilen friedensbedrohenden Situationen ganz untätig bliebe. Dieser Preis für die Rückkehr zum klassischen *peacekeeping* erschiene mir zu hoch.

Indessen sollte sich der SR bei seiner Auswahl zwischen den Instrumenten der Quasi-Zwangsmaßnahme und der militarisierten friedenserhaltenden Operation von dem Gedanken leiten lassen, dass umso mehr für eine Quasi-Zwangsmaßnahme spricht, je stärker nach der jeweiligen Lage der Dinge das militärische Instrument zum Einsatz gebracht werden muss, um der Friedensbedrohung zu begegnen.[116] Das gilt insbesondere dann, wenn die Situation bei ehrlicher Bestandsaufnahme den entschiedenen Einsatz militärischer Mittel gegen die Regierung des Gebietsstaates erfordern würde, wollte man der Friedensbedrohung wirksam begegnen. Unter diesem Gesichtspunkt unterliegt der Beschluss des SR, UNAMID im Sudan mit weit reichenden Aufgaben zu betrauen, zugleich aber jedenfalls faktisch nur im Einverständnis mit der sudanesischen Regierung operieren zu lassen, schwerwiegenden Bedenken.

Vor diesem Hintergrund ist es richtig, die AU dabei zu unterstützen, ihre Fähigkeiten zur Durchführung von Quasi-Zwangsmaßnahmen in Afrika zu verbessern. Auch der Vorschlag einer VN-Expertengruppe, der AU bei solchen Missionen den Zugriff auf die Pflichtbeiträge der VN-Mitgliedstaaten im VN-Haushalt zu eröffnen[117], um ihre Fähigkeit zu stärken, auf dem eigenen Konti-

nent die militärische Verantwortung zu übernehmen, verdient trotz seiner Radikalität Beachtung.

2. Zu den Voraussetzungen erfolgreicher militarisierter („robuster"/„effektiver") Friedenserhaltung

Nach dem Vorstehenden ist davon auszugehen, dass der SR auch in der Zukunft vor der Entscheidung stehen wird, eine friedenserhaltende VN-Mission in einen Gebietsstaat zu entsenden, die ihre Aufgabe nur unter Zuhilfenahme des militärischen Instruments wird erfüllen können. Für diesen Fall bleibt die im „Brahimi-Bericht" ausgesprochene Einsicht gültig, dass die Einsatzentscheidung nur fallen darf, wenn die militärischen Mittel auch tatsächlich vorhanden sind und wenn gesichert ist, dass sowohl im SR als auch auf der Ebene der truppenstellenden Staaten die politische Bereitschaft besteht, diese Mittel auch entschieden zum Einsatz zu bringen.

a) Vorhandensein militärischer Mittel

Im „Brahimi-Bericht" heißt es in diesem Zusammenhang schnörkellos, militarisierte friedenserhaltende Missionen benötigten unter Umständen *„bigger forces, better equipped and more costly, but able to be a credible deterrent".*[118] Trotz der begrüßenswerten Anstrengungen des Sekretariats im Zuge der *New Horizon Initiative* bestehen Zweifel daran fort, dass sich die in den letzten gut zehn Jahren zu Tage getretenen Probleme bei der (rechtzeitigen) Generierung von Truppen und bei der Gewährleistung von angemessener Ausstattung inzwischen verflüchtigt haben.[119] Deshalb bleibt zunächst die Forderung des „Brahimi-Berichts" aktuell, der GS müsse dem SR gegenüber (frühzeitig) ein realistisches Bild der für einen erfolgreichen Einsatz erforderlichen militärischen Kräfte unterbreiten. Darüber hinaus sollte der GS mit seiner begonnenen Praxis fortfahren, den SR aufzufordern, den Einsatz einer militarisierten friedenserhaltenden Mission der VN erst dann zu beschließen, wenn feststeht, dass die hierzu erforderlichen

---

[116] In diese Richtung auch A New Partnership Agenda – Charting a New Horizon for UN Peacekeeping, 2009, S. 9: „In active conflict, multinational coalitions of forces or regional actors operating under UN Security Council mandates may be more suitable."

[117] UN Doc. A/63/666 – S/2008/813, 31.12.2008, S. 18 f.; hierzu auch *Denis M. Tull*, Die Peacekeeping-Krise der Vereinten Nationen, SWP-Studie, 2010, S. 24 f.

[118] UN Doc. A/55/305 - S/2000/809, S. x.

[119] Konkrete Vorschläge, wie Deutschland helfen könnte, unterbreitet *Elisabeth Schöndorf*, Die Entsendelücke im VN-Peacekeeping, SWP-Studie, 2011, S. 27 ff.

militärischen Mittel zur Verfügung stehen. Ignoriert der SR diese Forderung, so wird es ihm schwerer fallen, dem Sekretariat bzw. der Friedensmission in der Folge die Verantwortlichkeit für die Schwierigkeiten bei der Mandatserfüllung zuzuschieben.

b) *Politische Bereitschaft zum Einsatz des militärischen Instruments*

Das Vorhandensein eines zur Friedenserhaltung nach Lage der Dinge erforderlichen militärischen Instruments hilft einer VN-Mission nicht, wenn es ihr an der politischen Rückendeckung für den entschiedenen Einsatz dieses Instruments im SR und auf der Ebene der truppenstellenden Staaten fehlt. In diesem Zusammenhang sei nochmals an die bereits zitierte Schlüsselpassage des „Brahimi-Berichts" erinnert, in der es heißt:

> „[W]hen the United Nations does send its forces to uphold the peace, they must be prepared to confront the lingering forces of war and violence, with the ability and determination to defeat them."[120]

Trotz der ständigen Inbezugnahme des „Brahimi-Berichts" in der nachfolgenden Praxis bestehen Zweifel daran, ob ein internationaler Konsens darüber besteht, was diese Schlüsselpassage des „Brahimi-Berichts" bedeutet. Die Zweifel nähren sich bereits aus der großen Anstrengung, die innerhalb der VN darauf verwandt wird, das Spannungsverhältnis zwischen den drei *fundamental principles*" und dem „*robust*" bzw. „*effective*" *peacekeeping* zu bemänteln. Die Zweifel wachsen in Anbetracht des Eingeständnisses des Sekretariats im Zuge der *New Horizon Initiative*, dass „*questions remain as to what robust peacekeeping means in practice*"[121] sowie des Umstandes, dass die nachfolgenden Dokumente nicht erkennen lassen, dass diese Fragen bislang beantwortet worden seien.[122]

Soweit das Sekretariat im Zuge der *New Horizon Initiative* daran gegangen ist, das Konzept des „*robust*" bzw. „*effective*" *peacekeeping* zu konkretisieren, heißt es (im Anschluss an die „*Capstone Principles*"), dass „*at the tactical level, a robust approach means that contingents may be required to use force in defence of the mandate*". Das deutet (und nichts anderes gilt für die maßgeblichen Passagen im „Brahimi-Bericht"), dass eine militarisierte friedenserhaltende Mission unter Umständen nur dann Erfolg haben kann, wenn sie ihr militärisches Instrument nicht lediglich nach polizeirechtlichen Kriterien (dem so genannten „*law enforcement paradigm*") zum Einsatz bringen kann, so wie sie etwa in den *Basic Principles on the Use of Force and Firearms by Law Enforcement Officials*[123] zum Ausdruck kommen. Dies gilt insbesondere für den Einsatz von tödlicher Gewalt[124] im Vorfeld einer unmittelbaren Gefahr sowie für den Freiheitsentzug zu präventiven Zwecken im Vorfeld der konkreten Gefahr der Begehung einer Straftat. Sollten solche Maßnahmen nach Lage der Dinge erforderlich sein, der politische Wille, diese Maßnahmen durchzuführen, indessen fehlen, so sollte die entsprechende friedenserhaltende VN-Mission unterbleiben.

c) *Offene Völkerrechtsfragen im Zusammenhang mit dem Einsatz des militärischen Instruments in friedenserhaltenden VN-Missionen*

Ein möglicher Grund für mangelnde politische Bereitschaft zum Einsatz des militärischen Instruments nicht lediglich nach polizeirechtlichen Kriterien ist die in wesentlichen Punkten unklare völkerrechtliche Lage. Die Unklarheiten betreffen inzwischen weniger Situationen des nicht-internationalen bewaffneten Konflikts als solche, in denen mindestens ungewiss ist, ob die Schwelle zu einem solchen Konflikt noch bzw. bereits erreicht ist. Denn für die letztgenannten Konstellationen ist unklar, ob der internationale Menschenrechtsschutz auch die militärische Komponente einer friedenserhaltenden

---

[120] UN Doc. A/55/305 - S/2000/809, S. viii.

[121] A New Partnership Agenda – Charting a New Horizon for UN Peacekeeping, 2009, S. 21.

[122] Übereinstimmend wohl *Denis M. Tull*, Die Peacekeeping-Krise der Vereinten Nationen, SWP-Studie, 2010, S. 16 ff.

[123] *Principles on the Use of Force and Firearms by Law Enforcement Officials,* adopted by the 8th UN Congress on the Prevention of Crime and the Treatment of Offenders (1990); näher zum *law enforcement paradigm Nils Melzer,* Conceptual Distinction and Overlaps Between Law Enforcement and the Conduct of Hostilities, in: Terry D. Gill/Dieter Fleck (Hrsg.), The Handbook of the International Law of Military Operations, 2010, S. 33 ff.

[124] Unter „*deadly force*" versteht das Militär den Einsatz von Gewalt „*intended or likely to cause death, or serious injury resulting in death*"; s. *Blaise Cathcart*, Force Application in Enforcement and Peace Enforcement Operations, in: Terry D. Gill/Dieter Fleck (Hrsg.), The Handbook of the International Law of Military Operations, 2010, S. 124.

Mission auf ein Vorgehen nach polizeirechtlichen Kriterien beschränkt.

aa) Zur Menschenrechtsbindung einer friedenserhaltenden VN-Mission

Die VN sind an keinen Vertrag des völkerrechtlichen Menschenrechtsschutzes gebunden. Doch besteht kein durchgreifender Grund, die VN von der Bindung an den völkergewohnheitsrechtlich geltenden Menschenrechtsstandard auszunehmen. Dies gilt umso mehr, als die VN ihrer Satzung entsprechend (Art. 1 Nr. 3, Art. 55 c)) zur Förderung der Menschenrechte verpflichtet sind. Speziell für den SR wird dies in Art. 24 Abs. 2 SVN bestätigt. Dementsprechend bekennen sich die „*Capstone Principles*" zu der Bindung friedenserhaltender VN-Missionen an den internationalen Menschenrechtsstandard:

> „United Nations peacekeeping operations should be conducted in full respect of human rights and should seek to advance human rights through the implementation of their mandates."[125]

Die Rechtslage ist hier nicht anders als im Hinblick auf das Recht der bewaffneten Konflikte. Auch hier besteht keine vertragliche Bindung der VN (etwa an die Genfer Konventionen zum Humanitären Völkerrecht), doch hat der GS in seinem *Bulletin on the Observance by United Nations Forces of International Humanitarian Law*[126] anerkannt, dass friedenserhaltende Truppen das Völkerrecht der bewaffneten Konflikte zu beachten haben, soweit sie an einem bewaffneten Konflikt beteiligt sind.

bb) Zur Rechtslage im nicht-internationalen bewaffneten Konflikt

Soweit die den internationalen Frieden bedrohende Gewalt im Gebietsstaat das Ausmaß eines nicht-internationalen bewaffneten Konflikts[127] erreicht, besteht kein ernstlicher Zweifel daran, dass milita-

risierte friedenserhaltende Truppen ihr militärisches Instrument auch jenseits polizeirechtlicher Bindungen zum Einsatz bringen dürfen, soweit es zur Erfüllung des Mandats erforderlich ist. Denn hier überlagern die konfliktsvölkerrechtlichen Kampfführungsbestimmungen, soweit sie reichen, als *leges speciales* die im Friedenszustand geltenden menschenrechtlichen Bindungen.[128] Soweit der Einsatz tödlicher Gewalt im nicht-internationalen bewaffneten Konflikt betroffen ist, hat die Auslegungshilfe des Internationalen Komitees vom Roten Kreuz 2009 eine bedeutsame Klärung erbracht.[129] Im Hinblick auf die Ingewahrsamnahme ist die Unklarheit zwar leider noch beträchtlich. Doch entschärft sich diese für VN-Missionen dadurch, dass der auf Kapitel VII der SVN gestützten Ermächtigung, „alle erforderlichen Maßnahmen" zur Erfüllung der jeweils betroffenen Aufgabe einzusetzen, die grundsätzliche Befugnis zur Ingewahrsamnahme zu entnehmen ist.[130]

cc) Zur Rechtslage außerhalb eines (nicht-internationalen) bewaffneten Konflikts

Sicher kann die militärische Komponente einer militarisierten friedenserhaltenden Operation hier nach polizeirechtlichen Prinzipien zur Mandatserfüllung zum Einsatz gebracht werden. Zahlreiche Aufgaben, so etwa auch der Schutz von Zivilisten gegenüber einer unmittelbaren Bedrohung („*imminent threat*"), werden sich so bewältigen lassen. Doch deuten die Praxis des SR, der „Brahimi-Bericht" sowie die diesem nachfolgenden Dokumente des Sekretariats darauf hin, dass von einer Notwendigkeit zum (wenn auch lediglich „taktischen") militärischen Gewalteinsatz nicht lediglich nach polizeirechtlichen Prinzipien auch unterhalb

---

[125] United Nations Peacekeeping Operations – Principles and Guidelines, 2008, S. 14.

[126] ST/SGB/1999/13, 6.8.1999.

[127] In der gegenwärtigen Praxis stellt sich die hier diskutierte Rechtsfrage typischerweise im *nicht*-internationalen bewaffneten Konflikt. Daher wird im Text auf diese Konfliktsform abgestellt.

[128] So der IGH für das Lebensrecht in *Legality of the Threat or Use of Nuclear Weapons*, Advisory Opinion of 8.7.1996, S. 240 (Nr. 25); für den nicht-internationalen bewaffneten Konflikt dürfte der Bericht des Internationalen Komitees vom Roten Kreuz vom Oktober 2011 für die 31. Internationale Konferenz vom Roten Kreuz und Roten Halbmond vom 28.11. bis 1.12.2011, 31/C/11/5.1.2, S. 14 f., entsprechend zu verstehen sein.

[129] *International Committee of the Red Cross*, Interpretative Guidance on the Notion of Direct Participation in Hostilities under International Humanitarian Law, 2009.

[130] *Jann Kleffner*, Operational Detention and the Treatment of Detainees, in: Terry D. Gill/Dieter Fleck (Hrsg.), The Handbook of the International Law of Military Operations, 2010, S. 468.

der Schwelle des nicht-internationalen bewaffneten Konflikts ausgegangen wird, um der Gefährdung des noch hochvolatilen Friedens durch machtvolle (typischerweise nicht-staatliche) Gewaltakteure „robust" bzw. „effektiv" zu begegnen. Im Hinblick auf die seit dem „Brahimi-Bericht" allseits anerkannte Notwendigkeit zum „robusten" bzw. „effektiven" *peacekeeping* gestützt auf SR-Mandate nach Art. 42 SVN erscheint es demnach nicht sinnvoll, den Einsatz des militärischen Instruments einer friedenserhaltenden VN-Mission in jedem Fall auf polizeirechtliche Prinzipien zu begrenzen.

Doch es erhebt sich die Frage, ob die grundsätzliche Menschenrechtsbindung der VN-Missionen zu einer solchen Begrenzung zwingt.[131] Im Hinblick auf das Lebensrecht lässt sich die hier auftretende Spannung möglicherweise im Auslegungsweg lösen. Denn dieses Recht ist zwar sowohl in Art. 4 des Internationalen Pakts für bürgerliche und politische Rechte (IPbpR) als auch in Art. 15 der Europäischen Menschenrechtskonvention (EMRK), die man bei der Ermittlung der Völkergewohnheitsrechtslage beachten wird, derogationsfest ausgestaltet. Zugleich bieten beide Menschenrechtsverträge ihrem Wortlaut nach einen gewissen Spielraum für die Lockerung eines rigoros polizei-rechtlichen Rahmens für Maßnahmen der internationalen Friedenssicherung. Denn Art. 6 Abs. 1 Satz 2 IPbpR verbietet lediglich den „willkürlichen" Eingriff in das Lebensrecht und Art. 2 Abs. 2 c) EMRK sieht die spezielle Menschenrechtsschranke der „rechtmäßigen Niederschlagung eines Aufruhrs oder Aufstands" vor. Soweit sich die hier thematisierte Spannung zwischen den Erfordernissen der internationalen Friedenssicherung und einer strengen Menschenrechtsbindung dagegen nicht im Auslegungswege auflösen lässt, erscheint es vorzugswürdig, in dem vom SR festgestellten Ausnahmezustand der Bedrohung des internationalen Friedens nach Art. 39 SVN bei der Gefahrenabwehr eine gegenüber dem friedensrechtlichen Normalzustand behutsam abschwächte menschenrechtliche Bindung anzunehmen. Auch wenn Art. 103 SVN seinem Wortlaut nach nicht direkt einschlägig ist, weil die *Ermächtigung* zur „robusten" Mandatserfüllung

keine *Pflichten*kollision zu begründen vermag[132], lässt sich die in Art. 103 SVN zum Ausdruck kommende Wertung, dass dem Rechtsrahmen nach der SVN unter Umständen Vorrang vor anderen völkerrechtlichen Regeln zukommen kann, an dieser Stelle doch fruchtbar machen. Die Wahrung des internationalen Friedens und der internationalen Sicherheit ist gemäß Art. 1 Nr. 1 SVN die Kernfunktion der VN, zu deren Wahrnehmung primär der SR berufen ist. Die Praxis des SR insbesondere in den letzten beiden Jahrzehnten deutet daraufhin, dass diese Kernfunktion in besonders gefährlichen Situationen bei Anlegung des strengsten und für den friedensrechtlichen Normalzustand entwickelten menschenrechtlichen Maßstabs nicht erfüllt werden kann. Dies spricht dafür, es dem SR zu ermöglichen, durch die Aktivierung des VII. Kapitels der SVN eine behutsame Absenkung des ansonsten geltenden Menschenrechtsstandards zu bewirken.[133]

Allerdings ist in diesem Zusammenhang nun das Urteil der Großen Kammer des Europäischen Gerichtshofs für Menschenrechte (EGMR) in *Al-Jedda v. The United Kingdom*[134] zu beachten, auch wenn es für die VN nicht verbindlich ist, und auch wenn es nicht den Fall einer militarisierten friedenserhaltenden Operation, sondern den einer Quasi-Zwangsmaßnahme betraf. In dem Fall ging es um die präventive Ingewahrsamnahme eines britischen Staatsangehörigen im Irak durch britische Streitkräfte der multinationalen Streitmacht, die durch die gemäß Kapitel VII der SVN erlassenen SR-Resolutionen 1511 und 1546 dazu ermächtigt war, *„to take all necessary measures to contribute to the maintenance of security and stability in Iraq".*[135] Die Internierung wurde mit *„imperative reasons of security in Iraq"* begründet, denen die Annahme der britischen Behörden zugrund lag, die Festgenommene rekrutiere Personen zum Zweck der Durch-

---

[131] So etwa *Charles Garraway*, Applicability and Application of International Humanitarian Law to Enforcement and Peace Enforcement Operations, in: Terry D. Gill/Dieter Fleck (Hrsg.), The Handbook of the International Law of Military Operations, 2010, S. 129.

[132] Insow. zutr. *Charles Garraway*, Applicability and Application of International Humanitarian Law to Enforcement and Peace Enforcement Operations, in: Terry D. Gill/Dieter Fleck (Hrsg.), The Handbook of the International Law of Military Operations, 2010, S. 129 f.

[133] Ähnlich möglicherweise *Wolfgang S. Heinz/Joanna Ruszkowska*, UN-Friedensoperationen und Menschenrechte, Deutsches Institut für Menschenrechte, 2010, S. 29, die davon sprechen, das „Kapitel VII-Einsätze niedrigere Standards bestimmen" könnten.

[134] Urteil v. 7.7.2011, Große Kammer, Application no. 72021/08.

[135] S/RES/1511, 16.10.2003, Abs. 13; S/RES/1546, 8.6.2004, Abs. 10.

führung terroristischer Anschläge im Irak. Der EGMR verurteilte das Vereinigte Königreich wegen eines Verstoßes gegen Art. 5 Abs. 1 EMRK.[136] In seiner Begründung schließt der EGMR zwar die Möglichkeit nicht aus, dass der SR die Bindung eines Mitgliedstaats an Art. 5 Abs. 1 EMRK abschwächen könne, doch möchte der Gerichtshof einer SR-Resolution nach Kapitel VII diese Wirkung nicht bereits deshalb beimessen, weil sie Mitgliedstaaten zur Vornahme von *„all necessary measures"* ermächtige. Denn, so führt der Gerichtshof aus,

> „there must be a presumption that the Security Council does not intend to impose any obligation on Member States to breach fundamental principles of human rights."[137]

Man mag unterschiedlicher Auffassung darüber sein, ob die vom EGMR aufgestellte Vermutung im Hinblick auf die Auslegung von Kapitel VII-Ermächtigungen des SR überzeugend ist. Legt man diese Rechtsauffassung jedoch zugrunde, so erscheint ein über das *law enforcement paradigm* auch nur behutsam hinausgehendes „robustes" Festnahmeregime im Rahmen einer militarisierten friedenserhaltenden Operation jedenfalls außerhalb eines bewaffneten Konflikts[138] ohne eine entsprechende *ausdrückliche* Ermächtigung des SR unzulässig.

dd) Folgerung

Völkerrechtlich besteht Ungewissheit, ob die Streitkräfte einer militarisierten friedenserhaltenden VN-Mission auch jenseits eines (insbesondere nicht-internationalen) bewaffneten Konflikts zur „robusten" bzw. „effektiven" Erfüllung ihres Mandats beim Einsatz tödlicher Gewalt und bei der Festnahme behutsam über polizeirechtliche Grundsätze hinausgehen dürfen. Nach der neuesten

Rechtsprechung des EGMR wird der SR zu überlegen haben, ob er seinen Ermächtigungsresolutionen fortan eine ausdrückliche Bestimmung dieses Inhalts beifügt, um Rechtsklarheit zu schaffen. Diese Bestimmung wäre in gewisser Hinsicht ein funktionelles Äquivalent zu einer Derogationserklärung, die die diversen Menschenrechtspakte für den öffentlichen Notstandsfall vorsehen, die aber vom SR als solche nicht abgegeben werden kann. Die Schwierigkeiten bei der Formulierung einer solchen Derogationserklärung sind nicht zu unterschätzen. Auf der anderen Seite wäre mit einem solchen Schritt ein Gewinn an Rechtssicherheit verbunden und eine solche Praxis böte überdies den Vorteil, dass sich der SR in jedem Fall einer Ermächtigung nach Kapitel VII der SVN über das Maß der „Militarisierung"/„Robustheit"/„Effektivität" der jeweiligen Mission Rechnung abzulegen hätte.

3. Exkurs: Zur entsprechenden Völkerrechtsfrage bei Quasi-Zwangsmaßnahmen und zur Rechtsauffassung der Bundesregierung

In Anbetracht des eingangs dieser Stellungnahme herausgearbeiteten Umstands, dass zwischen (jeweils auf Kapitel VII der SVN gestützten) Quasi-Zwangsmaßnahmen und militarisierten friedenserhaltenden VN-Missionen im Hinblick auf die Befugnis zum Einsatz des militärischen Instruments kein *qualitativer* Unterschied besteht, stellen sich die vorstehend erörterten Rechtsfragen auch für erstere Maßnahmen. Diese Fragen stellen sich hier für die handelnden Staaten sogar zugespitzt, weil ihnen die Eingriffe in menschenrechtlich geschützte Positionen auf Grund ihrer effektiven Kontrolle über den jeweiligen Gewalteinsatz völkerrechtlich zuzurechnen sind.[139]

---

[136] Urteil v. 7.7.2011, Große Kammer, Application no. 72021/08, Nr. 110.

[137] Urteil v. 7.7.2011, Große Kammer, Application no. 72021/08, Nr. 102.

[138] Die Passage in *Al-Jedda*, die das Verhältnis von Art. 5 Abs. 1 EMRK zum Recht der militärischen Besetzung betrifft (Urteil v. 7.7.2011, Große Kammer, Application no. 72021/08, Nr. 107, bleibt vorliegend ausgeklammert; zur überzeugenden Kritik s. *Jelena Peijic*, The European Court of Human Rights' *Al-Jedda* judgment: the oversight of international humanitarian law, International Review of the Red Cross (2011), 10 ff.

[139] Die hoch diffizilen Fragen der völkerrechtlichen Zurechnung bei Quasi-Zwangsmaßnahmen und militarisierten friedenserhaltenden Operationen lassen sich in dieser Kurzstellungnahme nicht erschöpfend diskutieren. Doch sei immerhin darauf hingewiesen, dass der EGMR seine hoch problematische Entscheidung v. 2.5.2007, *Behrami and Behrami v. France/Saramati v. France, Germany and Norway*, Application nos. 71412/01/78166/01, Ziff. 133-141, in *Al-Jedda v. The United Kingdom*, Urteil v. 7.7.2011, Große Kammer, Application no. 72021/08, Nr. 74-86, an entscheidender Stelle erheblich relativiert hat. Hiernach ist jedenfalls für den Normalfall einer Quasi-Zwangsmaßnahme davon auszugehen, dass der Gewalteinsatz völkerrechtlich dem

Die Vorsicht der Bundesregierung, die in ihrer zwischenzeitlich viel diskutierten Stellungnahme vom 5. Januar 2005 gegenüber dem Menschenrechtsausschuss der VN[140] zum Ausdruck kommt, dürfte neben den handfesten praktischen Problemen bei der Erfüllung strenger prozedural-institutioneller Garantien des völkerrechtlichen Menschenrechtsstandards[141] in Konfliktgebieten auch der hier thematisierten völkerrechtlichen Grauzone bei Quasi-Zwangsmaßnahmen nach Kapitel VII der SVN geschuldet sein.[142] Denn die Frühphase des ISAF-Einsatzes hat auch für diese Quasi-Zwangsmaßnahme das Dilemma hervortreten lassen, dass zur Abwendung einer Bedrohung des internationalen Friedens in einer hochvolatilen Konfliktlage, die zumindest nicht sicher als nicht-internationaler bewaffneter Konflikt qualifiziert werden kann, der Einsatz des militärischen Instruments nach strikt polizeirechtlichen Prinzipien an Grenzen stößt.

---

jeweils handelnden Staat zuzurechnen ist. Demgegenüber bleibt es für militarisierte friedenserhaltende VN-Missionen bei der völkerrechtlichen Zurechnung zu den VN als Völkerrechtsperson. Diskutabel ist hier allein, ob darüber hinaus auch eine Zurechnung zu den truppenstellenden Staaten in Betracht kommt. Diese Frage muss hier offen bleiben.

[140] „Deutschland gewährleistet gemäß Artikel 2 Abs. 1 die Paktrechte allen in seinem Gebiet befindlichen und seiner Herrschaftsgewalt unterstehenden Personen. Deutschland sichert bei Einsätzen seiner Polizei- und Streitkräfte im Ausland, insbesondere im Rahmen von Friedensmissionen, allen Personen, soweit sie seiner Herrschaftsgewalt unterstehen, die Gewährung der im Pakt anerkannten Rechte zu. Die internationalen Aufgaben und Verpflichtungen Deutschlands, insbesondere zur Erfüllung der Verpflichtungen aus der Charta der Vereinten Nationen, bleiben unberührt. Bei der Ausbildung seiner Sicherheitskräfte im internationalen Bereich sieht Deutschland eine speziell auf sie ausgerichtete Belehrung über die im Pakt verankerten einschlägigen Rechte vor."; CCPR/CO/80/DEU/Add. 1.

[141] Hierzu am Beispiel von KFOR anschaulich etwa *Gert Both*, Habeas-Corpus-Akte im Rahmen von Auslandseinsätzen dargestellt am Beispiel KFOR im Kosovo, in: Dieter Weingärtner (Hrsg.), Streitkräfte und Menschenrechte, 2008, S. 147 ff.; aus völkerrechtlicher Hinsicht hierzu etwa *Andreas von Arnauld*, Das (Menschen-)Recht im Auslandseinsatz. Rechtsgrundlagen zum Schutz von Grund- und Menschenrechten, *ebda.*, S. 61 ff.

[142] Zu der Erklärung der Bundesregierung eingehend aus der Sicht des Bundesministeriums der Verteidigung dessen Rechtsabteilungsleiter *Dieter Weingärtner*, Zur Geltung des Internationalen Paktes über bürgerliche und politische Rechte und der Grundrechte im Rahmen von Auslandseinsätzen der Bundeswehr, in: Dieter Weingärtner (Hrsg.), Streitkräfte und Menschenrechte, 2008, S. 83 ff.

Der in ihrer Stellungnahme von 2005 zum Ausdruck kommenden Überzeugung der Bundesregierung, dass es bei „Friedensmissionen" nach Kapitel VII (also sowohl Quasi-Zwangsmaßnahmen als auch militarisierten friedenserhaltenden VN-Missionen i.S.d. in dieser Stellungnahme gewählten Begrifflichkeit) zu Spannungslagen zwischen den Erfordernissen der internationalen Friedenssicherung und den strengsten Anforderungen des internationalen Menschenrechtsschutzes kommen kann, und dass diese unter Umständen zugunsten der internationalen Friedenssicherung und das heißt unter Inkaufnahme gewisser Abstriche beim internationalen Menschenrechtsschutz aufzulösen sein können, ist beizutreten. Indessen dürfte es kein zur Problemlösung taugliches Instrument sein, die Geltung des IPbpR bei deutschen Auslandseinsätzen in Frage zu stellen, so wie es die Bundesregierung in der besagten Erklärung getan hat. Denn der IGH hat in *Legal Consequences of the Construction of a Wall in the Occupied Palestinian Territory* die extraterritoriale Geltung des IPbpR mit zumindest vertretbarer Begründung ausdrücklich festgestellt[143], und es erscheint wenig sinnvoll, sich dieser Entscheidung auf Dauer entgegenzustellen. Vielmehr wird die Bundesregierung die mit dem internationalen Menschenrechtsschutz betrauten Organe gemeinsam mit den Regierungen der Partnerstaaten davon überzeugen müssen, dass eine behutsame Lockerung des strengen Menschenrechtsstandards zur internationalen Friedenssicherung auch unterhalb der Schwelle des bewaffneten Konflikts dann in Betracht kommt, wenn der SR dies durch eine „Quasiderogationserklärung" in seiner Ermächtigungsresolution nach Kapitel VII der SVN für notwendig befunden hat.

4. Der Schutz von Zivilisten und mögliche Dilemmata

Es ist zu begrüßen, dass der Schutz von Zivilisten und die auf Kapitel VII der SVN gestützte Ermäch-

---

[143] Advisory Opinion v. 9.7.2004, S. 180 (Nr. 111); die komplizierte Judikatur des EGMR zur extraterritorialen Reichweite der EMRK seit *Bankovic v. Belgium and others*, Urteil v. 12.12.2001 (Application No 52207/99), Nr. 71, ist hier nicht im Einzelnen nachzuzeichnen; für eine aktuelle Zusammenfassung der Judikatur *Al-Skeini and others v. The United Kingdom*, Urteil v. 7.7.2011 (Application no. 55721/07), Nr. 132-140.

tigung zum Gewalteinsatz zu diesem Zweck inzwischen zum festen Bestandteil einer militarisierten friedenserhaltenden VN-Mission gehören. Nachdem sich bei der Erfüllung dieses Mandats in der Vergangenheit Schwierigkeiten ergeben haben, ist es ebenso zu begrüßen, dass das VN-Sekretariat im Zuge der *New Horizon Initiative* einen Rahmen für die Erarbeitung missionsbezogener Strategien zum Schutz von Zivilisten erarbeitet hat. Die hierin vorgesehene möglichst genaue Bedrohungsanalyse vor Ort unter Berücksichtigung der lokalen Zivilbevölkerung und einer ständigen Überprüfung der vorhandenen Fähigkeiten sowie einer entsprechenden Berichterstattung gegenüber dem SR sind wichtige und richtige Elemente, um den Zivilschutz im Rahmen der jeweils verfügbaren Möglichkeiten systematisch und nicht zufällig zu betreiben, und um zugleich möglichen übertriebenen Erwartungen an die Leistungsfähigkeit der Mission entgegenzuwirken.

Ein besonders prekäres Dilemma ergibt sich stets dann, wenn die Aufgabe des Zivilschutzes nach Lage der Dinge nur in einer Weise erfüllt werden kann, die Zivilisten ihrerseits Gefahren aussetzt. Dieses Dilemma lässt sich dadurch reduzieren, dass das traditionell nicht auf den Schutz von Zivilisten ausgerichtete militärische Personal der jeweiligen Mission speziell für diese Aufgabe trainiert wird. In diesem Zusammenhang sei daran erinnert, dass MINUSTAH in Haiti gelegentlich einen „Städtekampf" führte, für den es nicht ausgebildet war. Das VN-Sekretariat hat dieses Erfordernis erkannt und unternimmt insoweit ausweislich der *New Horizon*-Dokumente erhebliche Anstrengungen.

Sofern der Schutz von Zivilisten strikt polizeirechtlich betrieben werden soll, was stets dann anzunehmen sein dürfte, wenn der SR den Gewalteinsatz zu diesem Zweck an das einschränkende Erfordernis eines „*imminent* threat" bindet, dürfen „zivile Begleitschäden" des Einsatzes von Gewalt zum Schutz von Zivilisten nicht in Kauf genommen werden.

Ein ernstes und nicht wirklich befriedigend aufzulösendes Dilemma ergibt sich dann, wenn eine militarisierte friedenserhaltende VN-Mission vor der Frage steht, ob sie zur Erfüllung weiter ausgreifender Mandatsziele Gewalt zum Einsatz bringen soll, die Risiken für unbeteiligte Zivilisten in sich

birgt.[144] Eine solche Form der Gewaltanwendung sollte nur im Extremfall in Betracht gezogen werden. Ein solcher Extremfall wird sich in der Praxis militarisierter friedenserhaltender VN-Missionen insbesondere dann ergeben, wenn das Ausmaß der Gewalt nicht-staatlicher Gewaltakteure (wieder) die Qualität eines nicht-internationalen bewaffneten Konflikts erreicht. Das Kampfführungsrecht des nicht-internationalen bewaffneten Konflikts eröffnet den VN-Soldaten dann die Möglichkeit, die Kämpfer der nicht-staatlichen Seite im Rahmen des *konfliktsvölkerrechtlichen* Verhältnismäßigkeitsgrundsatzes zu bekämpfen. Doch wird eine VN-Mission diesen Rechtsrahmen häufig gerade aus Gründen des Schutzes von Zivilisten nicht ausschöpfen, sondern sich stattdessen in den *Rules of Engagement* weitergehende Beschränkungen auferlegen wollen. Denn die Legitimität einer Mission wird unter dem Gesichtspunkt des Gebotes, Zivilisten zu schützen, umso zweifelhafter, je erheblicher das Ausmaß der zivilen Begleitschäden der eigenen Militäroperationen gerät.

Der gewissermaßen umgekehrte Extremfall stellt sich dann ein, wenn die Regierung des Gebietsstaats wie etwa 1994 in Ruanda dazu ansetzt, Teile ihrer Zivilbevölkerung mit massenmörderischer Gewalt zu überziehen. Für solche Fälle gebührt, wie oben ausgeführt worden ist, dem Beschluss einer Quasi-Zwangsmaßnahme zum Schutz der bedrohten Zivilbevölkerung der Vorrang, so wie es mit der Ermächtigung der Mitgliedstaaten durch SR-Resolution 1973 zum Gewalteinsatz in Libyen 2011 zuletzt geschehen ist. Die in dieser Resolution erhaltene Ermächtigung stellt nicht auf eine unmittelbare („*imminent*") Bedrohung der zu schützenden Zivilisten ab, sondern erlaubt es den Mitgliedstaaten

„to take all necessary measures, notwithstanding paragraph 9 of resolution 1970 (2011), to protect civilians and civilian populated areas under threat of attack [...]".[145]

Der Verzicht auf den einschränkenden Zusatz der „*imminence*" ist kein Redaktionsversehen des SR, sondern ist als der Ausdruck seines Willens zu verstehen, den Einsatz des militärischen Instru-

---

[144] Dieses Dilemma konstatiert zu Recht *Denis M. Tull*, Die Peacekeeping-Krise der Vereinten Nationen, SWP-Studie, 2010, S. 20 ff.

[145] S/RES/1973 (2011), 17.3.2011, Abs. 4.

ments zum Schutz von Zivilisten nach konfliktsvölkerrechtlichen Maßstäben zu autorisieren.[146] Damit bestand für die im Libyen-Einsatz handelnden Soldaten im Einzelfall das mögliche Maß an Rechtssicherheit. Voraussetzung für die Legitimität der Gesamtoperation war es demgegenüber, dass das Ausmaß der abzuwehrenden Bedrohung von Zivilisten durch das *Gaddafi*-Regime das Ausmaß der Gefahr ganz deutlich überwog, dass für Zivilisten in Libyen mit der Quasi-Zwangsmaßnahme nach SR-Resolution 1973 verbunden war.[147]

5. Zum „early peacekeeping" bei multidimensionalen friedenserhaltenden Operationen

Die Tendenz der neueren Praxis sowie der aktuellen Diskussion im Zuge der *New Horizon Initiative*, jedenfalls bestimmte friedenserhaltende Operationen mit Aufgaben des *„early peacebuilding"* zu betrauen, diese Missionen also multidimensional anzulegen, ist zu begrüßen, um der Gefahr zu begegnen, dass sich ggf. aufwendige friedenserhaltende Maßnahmen als Strohfeuer erweisen. Es leuchtet ein, dass bestimmte Beiträge zur Verbesserung der allgemeinen Sicherheitslage (unter Einschluss insbesondere von Entminung, Entwaffnung, Demobilisierung und Reintegration von Kämpfern, Reform des staatlichen Sicherheitsbereichs), zur Ingangsetzung von politischen Prozessen (Wahlen und inklusive politische Dialoge), zur Bereitstellung einer staatlichen Grundversorgung (Wasser, Gesundheit, Erziehung), zur Wiederherstellung staatlicher Basisfunktionen und zur Wiederbele-

bung der Wirtschaft, ohne Verzögerung ergriffen werden sollten, wenn die Rahmenbedingungen hierfür vorliegen. Parallel hierzu werden nicht selten, wie die Erfahrung lehrt, noch friedenserhaltende Maßnahmen im engeren Sinn erforderlich sein, so dass – auch insoweit in Übereinstimmung mit der sich in der Praxis abzeichnenden Tendenz – ein strikt konsekutives Vorgehen nicht sinnvoll erscheint. Die Aufgabenerweiterung friedenserhaltender Missionen um frühes *peacebuilding* betrifft im Kern die *zivile* Komponente einer solchen Operation, so dass die zuvor angesprochene Problematik der Militarisierung bzw. der Robustheit der Mission hierdurch eher am Rande berührt ist. So übertrug der SR beispielsweise MONUSCO neun Aufgaben zur ersten Friedenskonsolidierung, ermächtigte die Mission aber nur in Bezug auf die eine Aufgabe der Entwaffnung zum Einsatz militärischer Gewalt.[148] In Anbetracht des Umstandes, dass sich innerhalb und außerhalb der VN zahlreiche Akteure der Friedenskonsolidierung verschrieben haben, wirft die Übernahme von Aufgaben des *„early peacebuilding"* gewiss Abstimmungsprobleme auf. Ebenso ist für die rechtzeitige und reibungslose Übertragung der *„peacebuilding"*-Aufgabe auf diejenigen Institutionen Sorge zu tragen, die hierzu längerfristig berufen sind. Diese Herausforderungen hat das Sekretariat jedoch erkannt, und sie sollten sich bei gutem Willen meistern lassen. Schließlich wird im Schrifttum zu Recht darauf hingewiesen und vom Sekretariat im Zuge der *New Horizon Initiative* auch eingestanden, dass die Übernahme von Aufgaben des *„early peacebuilding"* die ohnehin schon schwierige Aufgabe friedenserhaltender Missionen nochmals anspruchsvoller macht.[149] Das ist kein durchgreifendes Argument gegen die Übernahme dieser Aufgaben, wenn sie dem übergeordneten Ziel einer nachhaltigen Beseitigung einer Bedrohung bzw. Störung des internationalen Friedens zuträglich sind. Doch der Hinweis markiert einen Merkposten, diese Aufgaben nur dann zu übertragen, wenn die Mission tatsächlich über die zu ihrer Erfüllung notwendigen Ressourcen verfügt. Sofern dies nicht der Fall ist, müssen Prioritäten gesetzt werden, wobei die Verbesserung der allgemeinen Sicherheitslage stets im Vordergrund stehen muss.

---

[146] Die Streitfrage, ob die Militäroperation der NATO und ihrer Partner in Libyen nach der Abwendung der Bedrohung für Benghazi über das Mandat hinausgegangen ist, führt über das Thema dieser Kurzstellungnahme hinaus, und muss deshalb an dieser Stelle offen bleiben; zur bisherigen Diskussion etwa *Julian M. Lehmann*, All Necessary Means to Protect Civilians: What the Intervention in Libya Says About the Relationship Between the *Jus in Bello* and the *Jus ad Bellum*, Journal of Conflict & Security Law (2012), 117 ff.; *Catherine Powell*, Libya: A Multinational Constitutional Moment?, The American Journal of International Law 106 (2012), 298 ff.

[147] Geht man (zu Recht) davon aus, dass eine Quasi-Zwangsmaßnahme nach Art. 42 SVN einem (ungeschriebenen) Erfordernis der Verhältnismäßigkeit i.e.S. unterliegt, so ist die im Text zuletzt thematisierte Frage im Übrigen nicht lediglich eine solche der *Legitimität*, sondern auch der friedenssicherungsrechtlichen *Legalität*.

[148] S/RES/1925 (2010), 28.5.2010, Abs. 12 t).

[149] *Denis M. Tull*, Die Peacekeeping-Krise der Vereinten Nationen, SWP-Studie, 2010, S. 18 f.

VI. Zwei Desiderata

1. Zum Rechtsschutzdefizit gegenüber Eingriffen von VN-Friedenstruppen

Friedenserhaltende VN-Missionen handeln unter dem Kommando (*operational command*) der VN. In der Folge ist das Verhalten dieser VN-Missionen (zumindest primär) den VN als Völkerrechtsperson zuzurechnen.[150] Insbesondere soweit „militarisierte"/„robuste"/„effektive" friedenserhaltende VN-Friedensmissionen zur Erfüllung ihres Mandats in Rechtsgüter von Privatpersonen im Gebietsstaat einzugreifen haben, besteht deshalb das Erfordernis des Rechtsschutzes der Betroffenen gegenüber den VN. Dies gilt umso mehr, als es seit Längerem zum Aufgabenkreis der Missionen zählt, auf die Verbesserung der Menschenrechtssituation/*Rule of Law* im Gebietsstaat hinzuwirken. Vor diesem Hintergrund bleibt die von *Dieter Fleck* bereits 2008 erhobene Forderung begründet:

> „Ein effektiver Rechtsschutz der Betroffenen und deren Entschädigung für erlittenes Unrecht sind aus völkerrechtlichen und rechtsstaatlichen Gründen geboten. Er ist auch für den Erfolg einer Friedensmission wesentlich. [...] Internationale Organisationen, die die Führung robuster Friedensmissionen übernommen haben, würden diesen mit der Schaffung institutionell unabhängiger Spruchkörper, die zugleich über Entschädigungsanträge zu entscheiden hätten, zusätzliche Legitimität verschaffen."[151]

2. Zu den Schwierigkeiten der Ahndung von Fehlverhalten von Angehörigen von VN-Friedensmissionen

Seit längerer Zeit ist die Möglichkeit bekannt, dass sich Angehörige von friedenserhaltenden VN-Missionen (schweres) Fehlverhalten zu Schulden kommen lassen. Besondere Aufmerksamkeit erlangten die Vorwürfe des sexuellen Missbrauchs durch Angehörige der MONUC.[152] Bei der Aufklä-

rung solcher Vorwürfe und ihrer Ahndung für den Fall ihrer Bestätigung besteht das Problem, dass die VN bislang zwar über Quasidisziplinar-, nicht aber über Strafgewalt verfügt. Zugleich besteht seit langem der Eindruck, dass eine konsequente Ahndung der in Rede stehenden Straftaten durch die hierzu berufenen Staaten nicht gewährleistet ist. Seit spätestens 2005 wird auf der Ebene der VN intensiv darüber nachgedacht, wie sich die strafrechtliche Ahndung schwerer Verfehlungen von Angehörigen von friedenserhaltenden Missionen verbessern lässt.

Nachdem bereits 2005 im Auftrag des GS der so genannte *Zeid*-Bericht zum Thema vorgelegt worden war[153], legte eine Expertengruppe im Jahre 2006 eine *Draft Convention on the criminal accountability of United Nations officials and experts on mission* vor.[154] Dieser Vertragsentwurf zielt darauf ab, dass die Strafgerichtsbarkeit möglichst vom Gebietsstaat und nur nachrangig vom Staat der Staatsangehörigkeit des Beschuldigten ausgeübt werden soll. Dieser Staat soll sicherstellen, dass er seine Strafgewalt in einem solchen Fall nach dem Prinzip der aktiven Personalität ausüben kann. Die Expertengruppe äußert die Ansicht, dass Straftaten wie der sexuelle Missbrauch von der funktionellen Immunität der VN nicht erfasst seien; ansonsten seien die VN zur Aufhebung der Immunität berufen. Auch sieht die Expertengruppe die Notwendigkeit, die Voraussetzungen für wirksame Ermittlungen zu verbessern. Der Konventionsentwurf hat den gravierenden Nachteil, dass das „*military personnel of national contingents assigned to the military component of a United Nations peacekeeping operation*" von seinem Anwendungsbereich ausgeklammert bleibt.[155] Dies ist aber nach den Erfahrungen der zurückliegenden Jahre ein Personenkreis, dessen Einbeziehung es auch bedurfte. Offenbar fehlt es (zumindest bestimmten) Truppenstellerstaaten einstweilen am politischen Willen, strafrechtlich gegen die Straftaten eigener VN-Friedenssoldaten vorzugehen. Der weitere Nachteil des Entwurfs besteht darin, dass er bislang nicht in Kraft getreten ist und dass sich sein Inkrafttreten offenbar auch nicht abzeichnet.

---

[150] Zur Rechtsprechung des EGMR zur Zurechnungsproblematik s. bereits oben in Fn. 139.

[151] *Dieter Fleck*, Schlussfolgerungen. Empfehlungen für Parlament, Exekutive und internationale Zusammenarbeit, in: Dieter Weingärtner (Hrsg.), Streitkräfte und Menschenrechte, 2008, S. 186.

[152] Näher zur Empirie *William Durch/Katherine N. Andrews/Madeline L. England/Matthew C. Weed*, Improving

Criminal Accountability in United Nations Peace Operations, Stimson Center Report No. 65, 2009, S. 2 ff.

[153] UN Doc. A/59/710, 25.3.2005.

[154] UN Doc. A/60/980, 16.8.2006, Annex III.

[155] Art. 2 Abs. 2; UN Doc. A/60/980, 16.8.2006, Annex III.

Dieser Zustand ist unbefriedigend. Dies gilt umso mehr, seitdem der Schutz von Zivilisten zum festen Aufgabenrepertoire von friedenserhaltenden VN-Missionen geworden ist. Denn seither müssen Verfehlungen wie sexuelle Missbräuche zu Lasten von Zivilisten im Gebietsstaat die Legitimität der VN-Truppen im Kern betreffen. Mithin sind die Staaten aufgerufen, auf die Verbesserung der Voraussetzungen wirksamer Strafverfolgung in den in Rede stehenden Fällen zu drängen. Dabei sollte die auch in Deutschland langsam wachsende Erkenntnis berücksichtigt werden, dass es neben dem Vorhandensein von Strafgerichtsbarkeit auch darauf ankommt, dass tatsächlich wirksam ermittelt werden kann. In diesem Zusammenhang verdient der Vorschlag Beachtung, der 2009 von *William Durch, Katherine N. Andrews, Madeline L. England* und *Matthew C. Weed* vorgelegt worden ist (*Stimson*-Studie). Die *Stimson*-Studie sieht u.a. die Einrichtung einer unabhängigen VN-Einheit zur Durchführung von strafrechtlich verwertbaren Ermittlungen vor, die mit dem nachfolgend zur Strafverfolgung berufenen Staat zusammenwirken soll. Primär zuständig soll der Entsendestaat sein, der den VN über sein Vorgehen Bericht erstatten soll. Die Studie plädiert ferner dafür, einen Strafjustizmechanismus der VN und des Gaststaats für den Fall einzurichten, dass der Entsendestaat nicht (in angemessener Form) tätig wird. Die *Stimson*-Studie weist in die richtige Richtung, und sie sollte deshalb in die Bemühungen einbezogen werden, die Voraussetzungen für die Ahndung von Straftaten von Angehörigen von friedenserhaltenden Missionen der VN zu verbessern.

VII. Zusammenfassung in 21 Thesen

1. Die **idealtypische Gegenüberstellung** der „(militärischen) **Zwangsmaßnahme**" nach Kapitel VII der Satzung der Vereinten Nationen und der „(im Prinzip gewaltfreien) **friedenserhaltenden Maßnahme**" nach einem imaginierten „Kapitel VI*bis*" der Satzung der Vereinten Nationen **bildet die gegenwärtige Praxis des Sicherheitsrats nicht mehr ab. Gegenwärtig dominieren** die **Zwischenformen** der (hier so genannten) „(militärischen) **Quasi-Zwangsmaßnahme**" unter der Führung von Mitgliedstaaten und der (hier so genannten) **militarisierten friedenserhaltenden Mission** unter der Führung der Vereinten Nationen. **Beide** Formen

von „**Friedensmissionen**" setzen ein **Mandat nach Art. 42 der Satzung der Vereinten Nationen** voraus, und abgesehen von der unterschiedlichen Kommandostruktur ist **keine trennscharfe Unterscheidung** zwischen ihnen mehr **möglich**.

2. Durch die Übernahme von **Aufgaben der frühen Friedenskonsolidierung (***early peacebuilding***)** haben die friedenserhaltenden Missionen der Vereinten Nationen heute häufig einen **multidimensionalen Charakter**.

3. Die **Bewertung** der bisherigen militarisierten friedenserhaltenden Operationen der Vereinten Nationen bereitet **mangels wissenschaftlich gesicherter Kriterien** zur Überprüfung ihrer Wirkungen **erhebliche Schwierigkeiten**. Dennoch dürfte das **Gesamturteil** zutreffen, dass die Vereinten Nationen mit ihren bisherigen militarisierten friedenserhaltenden Operationen **keine uneingeschränkte Erfolgsgeschichte** geschrieben haben. Zu den **wesentlichen Schwierigkeiten** solcher Missionen zählen nach den bisherigen Erfahrungen der **fehlende politische Wille des Sicherheitsrates** zur **hinreichend klaren Mandatierung** bzw. zur **Unterstützung bei der Erfüllung des Mandats**, die zu **geringe Truppenstärke** und **Verspätungen bei der Truppenentsendung**, die **unzureichende Ausstattung**, und die **mangelnde Beteiligung von Staaten mit gut ausgestatteten und ausgerüsteten Streitkräften**.

4. Die **Praxis der militarisierten friedenserhaltenden Missionen** der Vereinten Nationen hat sich von den **drei** von *Dag Hammerskjöld* formulierten **Grundprinzipien des** *peacekeeping* (Zustimmung des Gebietsstaats, Gewaltfreiheit mit Ausnahme von Selbstverteidigung, Unparteilichkeit) **entfernt**.

5. Der **offizielle Sprachgebrauch der VN**, wonach sich die **Praxis des „robusten" bzw. „effektiven"** *peacekeepings* auch **weiterhin an den drei Grundprinzipien ausrichte**, trägt **beschwichtigende Züge**.

6. Der „**Brahimi-Bericht**" von 2000 bleibt mit seiner **schnörkellosen Bestandsaufnahme** zum militarisierten *peacekeeping* bis heute ein **richtungsweisendes Dokument**. Die **Vorschläge** des Berichts zur Verbesserung der Voraussetzungen wirkungsvoller militarisierter Friedenserhaltung sind (bislang nur) **zum Teil aufgegriffen** worden.

7. Die *New Horizon Initiative* des Sekretariats der Vereinten Nationen baut auf dem „Brahimi-

Bericht" auf und schlägt einen „partnerschaftlichen" Dialog zwischen Sekretariat, Sicherheitsrat und Truppenstellerstaaten vor, um die Herausforderung multidimensionaler friedenserhaltender Missionen zu meistern. Die Lösungsvorschläge in den Bereichen „*capability development*", „*global field support*" und „*planning and oversight*" weisen in die richtige Richtung. Zweifel bestehen daran, ob die politische Bereitschaft der Mitgliedstaaten der Vereinten Nationen, militarisierte friedenserhaltende Missionen der Organisation zu unterstützen, im Zuge der Initiative gewachsen ist. Offene konzeptionelle Fragen bleiben im Hinblick auf die genaue Bedeutung des militarisierten („robusten"/„effektiven") *peacekeeping*.

8. Eine radikale Demilitarisierung der friedenserhaltenden Operationen der Vereinten Nationen ist nicht zu befürworten.

9. Doch spricht umso mehr dafür, eine (militärische) Quasi-Zwangsmaßnahme an der Stelle einer militarisierten friedenserhaltenden Operation zu beschließen, je stärker nach dem jeweiligen Maß der Bedrohung des internationalen Friedens das militärische Instrument zum Einsatz gebracht werden muss.

10. Der Generalsekretär der Vereinten Nationen sollte mit seiner begonnenen Praxis fortfahren, den Sicherheitsrat aufzufordern, den Einsatz einer militarisierten friedenserhaltenden Mission erst dann zu beschließen, wenn feststeht, dass den Vereinten Nationen die hierzu erforderlichen militärischen Mittel tatsächlich zur Verfügung stehen.

11. Eine militarisierte friedenserhaltende Mission darf nur dann beschlossen werden, wenn die Mitglieder des Sicherheitsrates und die Truppenstellerstaaten politisch dazu bereit sind, von dem militärischen Instrument in dem zur Mandatserfüllung erforderlichen Maß Gebrauch zu machen. Die Erfahrung lehrt, dass das erforderliche Maß insbesondere in den Bereichen des Einsatzes tödlicher Gewalt und Ingewahrsamnahme unter Umständen über den Einsatz nach strikt polizeirechtlichen Prinzipien („*law enforcement paradigm*") hinausgehen kann.

12. Die zu befürwortende Menschenrechtsbindung friedenserhaltender Missionen der Vereinten Nationen steht einem Einsatz des militärischen Instruments jenseits strikt polizeirechtli-

cher Prinzipien dann nicht entgegen, wenn die Bedrohung des internationalen Friedens mit dem Zustand eines bewaffneten Konflikts verbunden ist.

13. Bislang nicht befriedigend geklärt ist die Völkerrechtslage bei friedensbedrohenden Zuständen unterhalb der Schwelle des bewaffneten Konflikts. Hier kann sich eine Spannungslage zwischen den Erfordernissen der internationalen Friedenssicherung durch militarisiertes („robustes"/"effektives") *peacekeeping* und dem internationalen Menschenrechtsstandard ergeben, die womöglich nur zum Teil im Auslegungswege ausgeräumt werden kann. Im Licht des *Al-Jedda*-Urteils des Europäischen Gerichtshofs für Menschenrechte sollte der Sicherheitsrat in Zukunft in seiner jeweiligen Ermächtigungsresolution die ausdrückliche Feststellung treffen, dass bei der Durchführung der militarisierten friedenserhaltenden Operation eine Abweichung von dem ansonsten geltenden Menschenrechtsstandard in Betracht kommt, sofern der Sicherheitsrat die Notwendigkeit einer solchen Abweichung erkennt.

14. Dieselbe Spannungslage kann sich (erst recht) bei (militärischen) Quasi-Zwangsmaßnahmen ergeben, die völkerrechtlich den das Kommando führenden Staaten zuzurechnen sind. Der Bundesregierung ist darin beizutreten, dass diese Spannungslage unter Umständen zugunsten der Erfordernisse der internationalen Friedenssicherung aufzulösen sein kann. Indessen ist es kein zur Problemlösung taugliches Instrument, die Geltung des Internationalen Paktes für bürgerliche und politische Rechte bei deutschen Auslandseinsätzen in Frage zu stellen. Vielmehr wird die Bundesregierung die mit dem internationalen Menschenrechtsschutz betrauten Organe gemeinsam mit den Regierungen der Partnerstaaten davon überzeugen müssen, dass eine behutsame Lockerung des strengen Menschenrechtsstandards zur internationalen Friedenssicherung auch unterhalb der Schwelle des bewaffneten Konflikts dann in Betracht kommt, wenn der Sicherheitsrat dies in seiner Ermächtigungsresolution nach Kapitel VII der Satzung der Vereinten Nationen ausdrücklich für notwendig befunden hat.

15. Es ist zu begrüßen, dass der Schutz von Zivilisten und die auf Kapitel VII der Satzung der Vereinten Nationen gestützte Ermächtigung zum

Gewalteinsatz zu diesem Zweck inzwischen **zum festen Bestandteil einer militarisierten friedenserhaltenden Mission** gehören. Ebenso **zu begrüßen** ist, dass das **Sekretariat der Vereinten Nationen** im Zuge der *New Horizon Initiative* einen **Rahmen für die Erarbeitung für missionsbezogenen Strategien zum Schutz von Zivilisten** konzipiert hat.

16. Wenn der Sicherheitsrat den Gewalteinsatz zum Zweck des Schutzes von Zivilisten an das einschränkende Erfordernis eines *„imminent threat"* bindet, ist die Aufgabe nach **strikt polizeirechtlichen Prinzipien** zu erfüllen, auch wenn das militärische Instrument zum Einsatz kommt. Dann dürfen **„zivile Begleitschäden" nicht in Kauf genommen** werden.

17. Ein **ernstes und nicht wirklich befriedigend aufzulösendes Dilemma** ergibt sich dann, wenn eine militarisierte friedenserhaltende VN-Mission vor der **Frage** steht, ob sie **zur Erfüllung weiter ausgreifender Mandatsziele Gewalt zum Einsatz bringen** soll, die **Risiken für unbeteiligte Zivilisten** in sich birgt.[156] Eine **solche Form der Gewaltanwendung sollte nur in einem Extremfall** in Betracht gezogen werden. Ein solcher ist dann gegeben, wenn nicht-staatliche Gewaltakteure die Regierung des Gebietsstaats in einem Ausmaß mit Gewalt überziehen, das die Schwelle zum nicht-internationalen bewaffneten Konflikt überschreitet.

18. Der gewissermaßen **umgekehrte Extremfall** stellt sich dann ein, wenn die **Regierung des Gebietsstaats** dazu ansetzt, **Teile ihrer Zivilbevölkerung mit massenmörderischer Gewalt** zu überziehen. Für solche Fälle gebührt, wie oben ausgeführt worden ist, dem **Beschluss einer Quasi-Zwangsmaßnahme zum Schutz der bedrohten Zivilbevölkerung der Vorrang**, so wie es mit der Ermächtigung der Mitgliedstaaten zum Gewalteinsatz in Libyen 2011 durch SR-Resolution 1973 geschehen ist. Die **wichtigste Voraussetzung für die Legitimität einer solchen Militäroperation** ist, dass das **Ausmaß der abzuwehrenden Bedrohung von Zivilisten** durch die Regierung des Gebietsstaats die **Gefahr ganz deutlich überwiegt,** die für **Zivilisten mit der Quasi-Zwangsmaßnahme verbunden** ist.

19. Die Tendenz der neueren Praxis sowie der aktuellen Diskussion im Zuge der *New Horizon Initiative*, jedenfalls bestimmte **friedenserhaltende Operationen mit Aufgaben des „early peacebuilding" zu betrauen,** ist trotz der hiermit für die jeweilige Mission verbundenen weiter erhöhten Anforderungen **grundsätzlich zu begrüßen.**

20. „Ein **effektiver Rechtsschutz der Betroffenen** und deren Entschädigung für erlittenes Unrecht sind aus völkerrechtlichen und rechtsstaatlichen Gründen **geboten.** Er ist auch für den Erfolg einer Friedensmission wesentlich. [...] **Internationale Organisationen, die die Führung robuster Friedensmissionen übernommen haben, würden diesen mit der Schaffung institutionell unabhängiger Spruchkörper, die zugleich über Entschädigungsanträge zu entscheiden hätten, zusätzliche Legitimität verschaffen."**
Dieter Fleck (2008)

21. Seitdem der Schutz von Zivilisten zum festen Aufgabenrepertoire von friedenserhaltenden Missionen der Vereinten Nationen geworden ist, **beeinträchtigen Verfehlungen wie sexuelle Missbräuche zu Lasten von Zivilisten im Gebietsstaat die Legitimität der Mission der Vereinten Nationen im Kern.** Es ist **unbefriedigend, dass derzeit nicht gewährleistet** ist, dass in solchen Fällen eine **wirksame Strafverfolgung** stattfindet. Der **Abkommensentwurf einer Expertengruppe von 2006** kommt offenbar **politisch nicht voran** und ist **in der Sache unbefriedigend,** weil er **die Soldaten der friedenserhaltenden Missionen ausklammert. Beachtung verdienen** in diesem Zusammenhang die **Vorschläge der Stimson-Studie** von 2009.

---

[156] Dieses Dilemma konstatiert zu Recht *Denis M. Tull,* Die Peacekeeping-Krise der Vereinten Nationen, SWP-Studie, 2010, S. 20 ff.